梅花心易入門

生年月日が証す秘中の占法

山蔭基央 著
Yamakage Motohisa

東洋書院

生年月日が証す秘中の占法

梅花心易入門

プロローグ　本当の自分の姿がズバリ現れる

●恐るべき的中率を誇る中国最大の占い

梅花心易はあなたの全てを解明する

専門家が公開したがらない秘中の占法

あなたは、梅花心易《ばいかしんえき》という占いがあることを、一度でも耳にしたことがありますか。おそらく、この本を手にされた方のうち、百人に一人もいないのではないかと思います。

占いとひと口にいっても、手相、人相から、星占い、四柱推命など、さまざまあるのはご存知のとおりです。そして、そのなかで最も古くから使われてきたのが「易《えき》」であることもご存知でしょう。

梅花心易というなじみのない占法は、名称から想像できるとおり、実は易の一種なのです。もう少し正確にいえば、「易」と総称されるもののなかに、方法論の異なるいくつかの体系（五行《ごぎょう》易《えき》もそうです）があって、梅花心易はその一体系だといってよいでしょう。

もともと易は、むずかしいものだとされています。そのなかでも梅花心易は、ことに難解とされ、専門の易者でさえこれに通暁している人は少ないといわれてきました。梅花心易がこれまで一般に知られなかったのは、この難解さのせいだといえます。

また、その恐るべき的中率に専門家が公表したがらなかったのも事実です。

梅花心易とは、簡単にいえば、人間世界のあらゆる現象を八卦《はっけ》にふり当てて分類し、そこから物事の真相をつかむ占法です。また、その分類が精緻なのと、きわめて〝理詰め〟なのが特徴です。ですから、おそらく人事万般、恋愛の成否から金運、健康運にいたるまで、どのような問題にも、方法さえ誤らなければ明快に答えることができるのです。

そこで、このすぐれた占法を一般に紹介するために、梅花心易本来の複雑難解な要素を思い切って整理し、さらに個人の生年月日を導入することで、あなた自身だけでなく、周囲の友人知人の運勢もわかるように工夫したのが本書です。梅花心易をこのような形で一般に紹介したのは、本書が初めてです。

易には古風なイメージがありますが、決して古くはありません。夜の街角のほの暗いあんどんの下で、ひっそりと易者のご託宣を受ける秘密めいた占いではなく、実際は透徹した人間観に基づいた現代的な占法であることが、本書を読めばお分かりいただけるはずです。

運命を六十四に細分した初めての方法

梅花心易では、個人の生年月日を、易の六十四卦《け》に振り当てて、その卦の示す天意によって運勢を判断します。

本文の各章はすべて、〝乾為天《けんいてん》〟〝雷澤帰妹《らいたくきまい》〟などのように、卦の名称で分類されているので、運勢をみるには、自分がどの卦にあたるのかをまず知る必要があります。

では、あなたの卦がどれにあたるかその出し方を説明しましょう。

易の卦《け》には、二つの要素があります。

一つは、八卦《はっけ》で、その名称は次のとおりです。

乾《けん》　兌《だ》　離《り》　震《しん》　巽《そん》　坎《かん》　艮《ごん》　坤《こん》

もう一つは、自然現象で、それは次の八つです。

天《てん》　澤《たく》　火《か》　雷《らい》　風《ふう》　水《すい》　山《さん》　地《ち》

右の八卦と、八種の自然現象を、番号順に組み合わせたものを〝本卦《ほんけ》〟といいます（表1）。なお、番号は卦の配列順で、あとで生年月日を卦に換算するときに用います。

次に、自然現象八種を順ぐりに組み合わせていくと、六十四通りの組み合わせができます。天《てん》と水《すい》は〝天水《てんすい》（訟《しょう》）〟雷《らい》と地《ち》は〝雷地《らいち》（豫《よ》）〟という具合で、こうしてできたものを〝易の六十四卦《け》〟といいます。

ただし、天《てん》と天《てん》、雷《らい》と雷《らい》……という同種の組み合わせ（八組ある）は先に述べた〝本卦《ほんけ》〟で、天天、雷雷……とは云わず、乾為天《けんいてん》、震為雷《しんいらい》……というように、特別の呼び方をします。

本卦以外の諸卦《しょけ》には、〝天澤履《てんたく》・〟〝火天大有《かてん》・〟のように、それぞれに違った名称が下についていますが、これは卦の意味をあらわす言葉です。

本卦と他の諸卦との関係は、本家と分家の関係と考えてください。つまり、天《てん》の一族が八種、澤《たく》の一族が八種……というわけです。

このように、六十四卦はそれぞれ、二つの自然現象の組み合わせでできていますが、上にくる卦を〝外卦《げけ》〟、下にくる卦を〝内卦《ないけ》〟といいます。

たとえば〝雷山小過《らいさんしょうか》〟という卦は、

雷 ☳
山 ☶

のように表わされますが、上の〝雷《らい》〟を外卦《げけ》、下の〝山《さん》〟を内卦《ないけ》と呼びます。

なお、右のような卦の記号（䷽）のことを卦象《けしょう》（卦《け》のかたち）といい、これには下から順に、才一爻《こう》、才二爻《こう》……才六爻《こう》という呼び方があって、これを変爻《へんこう》といいます（これは才4章のはじめに説明します）。

生年月日が証かすあなたの運命

①生年月日のうち、まず生まれ日を卦《け》に換算します。

表1の卦《け》の番号（1〜8）に従って、1日生まれは1（天《てん》）、2日生まれは2（澤《たく》）………と、順にあてはめます。8日生まれは8（地《ち》）で、次の9日生まれは、前にもどって1（天《てん》）になります。

9日以後の生まれの人は、簡単な割り算で出すことができます。生まれ日を8で割って、余り

表1　八つの本卦

番号	八卦		自然現象	本卦
1	乾《けん》	☰	天《てん》	乾《けん》為《い》天《てん》
2	兌《だ》	☱	澤《たく》	兌《だ》為《い》澤《たく》
3	離《り》	☲	火《か》	離《り》為《い》火《か》
4	震《しん》	☳	雷《らい》	震《しん》為《い》雷《らい》
5	巽《そん》	☴	風《ふう》	巽《そん》為《い》風《ふう》
6	坎《かん》	☵	水《すい》	坎《かん》為《い》水《すい》
7	艮《ごん》	☶	山《さん》	艮《ごん》為《い》山《さん》
8	坤《こん》	☷	地《ち》	坤《こん》為《い》地《ち》

の数字を卦の番号にあてはめればいいのです。例えば、23日生まれは、23÷8＝2…7で、7＝山《さん》になり、18日生まれは、18÷8＝2…2で、澤《たく》になります。（8で割り切れる生まれ日は〝地《ち》〟です）。

こうして出た卦を〝日《ひ》の卦《け》〟と呼びます。

②次に、生まれた年を卦に換算します。この場合は、西暦年号を使います。

あなたの生まれた年（西暦）の下2《しもふた》ケタを、8で割ってください。そして、余りの数字を、前と同様に卦《け》の番号にあてはめます。

例えば、1958年生まれは、58÷8＝7…2で、2は澤《たく》です。1965年生まれは、65÷8＝8…1で、1は天《てん》です。割り切れた場合は、みな〝地《ち》〟です。（昭和生まれの人

表2　六十四卦早見表

乾《けん》為《い》天《てん》

天《てん》澤《たく》履《り》

天《てん》火《か》同《どう》人《じん》

天《てん》雷《らい》无《む》妄《ぼう》

天《てん》風《ぷう》姤《こう》

天《てん》水《すい》訟《しょう》

天《てん》山《さん》遯《とん》

天《てん》地《ち》否《ひ》

兌《だ》為《い》澤《たく》

澤《たく》天《てん》夬《かい》

澤《たく》火《か》革《かく》

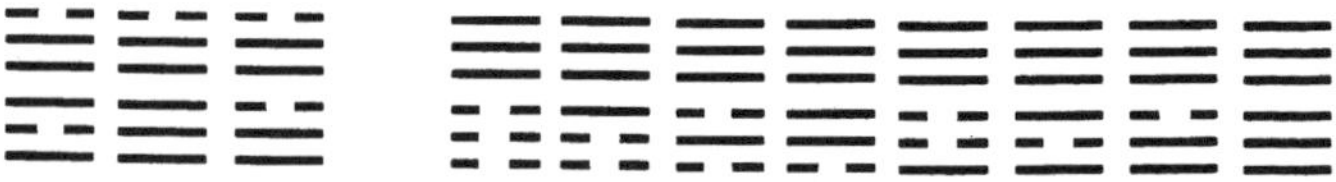

澤《たく》雷《らい》随《ずい》

澤《たく》風《ふう》大《たい》過《か》

澤《たく》水《すい》困《こん》

澤《たく》山《さん》咸《かん》

澤《たく》地《ち》萃《すい》

離《り》為《い》火《か》

火《か》天《てん》大《たい》有《ゆう》

火《か》澤《たく》睽《けい》

火《か》雷《らい》噬《ぜい》嗑《こう》

火《か》風《ふう》鼎《てい》

火《か》水《すい》未《み》済《さい》

火《か》山《ざん》旅《りょ》

火《か》地《ち》晋《しん》

震《しん》為《い》雷《らい》

雷《らい》天《てん》大《たい》壮《そう》

雷《らい》澤《たく》帰《き》妹《まい》

雷《らい》火《か》豊《ほう》

雷《らい》風《ふう》恒《こう》

雷《らい》水《すい》解《かい》

雷《らい》山《さん》小《しょう》過《か》

雷《らい》地《ち》豫《よ》

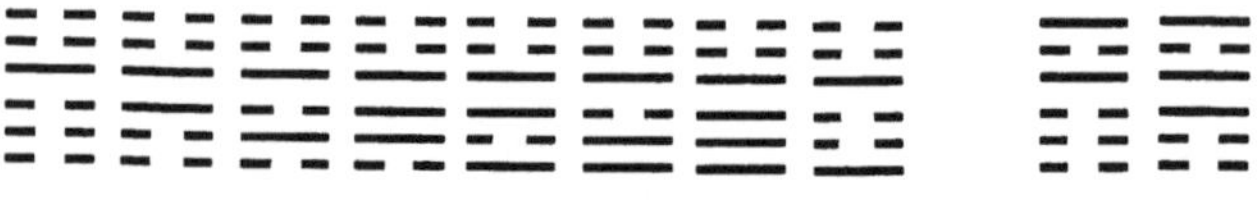

巽《そん》為《い》風《ふう》
風天小畜《ふうてんしょうちく》
風澤中孚《ふうたくちゅうふ》
風火家人《ふうかかじん》
風雷益《ふうらいえき》
風水渙《ふうすいかん》
風山漸《ふうさんぜん》
風地観《ふうちかん》

坎《かん》為《い》水《すい》
水天需《すいてんじゅ》
水澤節《すいたくせつ》

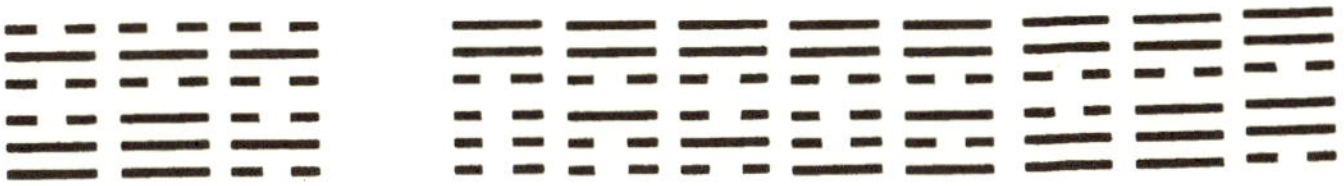

水火既済《すいかきさい》
水雷屯《すいらいちゅん》
水風井《すいふうせい》
水山蹇《すいざんけん》
水地比《すいちひ》

艮《ごん》為《い》山《さん》
山天大畜《さんてんたいちく》
山澤損《さんたくそん》
山火賁《さんかひ》
山雷頤《さんらいい》
山風蠱《さんぷうこ》

山水蒙《さんすいもう》
山地剝《さんちはく》

坤《こん》為《い》地《ち》
地天泰《ちてんたい》
地澤臨《ちたくりん》
地火明夷《ちかめいい》
地雷復《ちらいふく》
地風升《ちふうしょう》
地水師《ちすいし》
地山謙《ちざんけん》

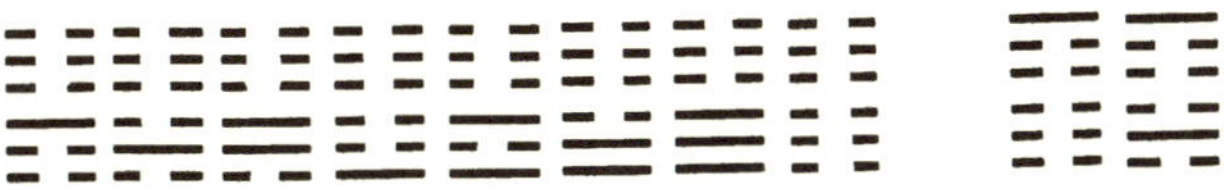

は、昭和の年号に25を加えれば西暦年号になります)。
こうして出た卦を〝年《ねん》の卦《け》〟と呼びます。

以上で、生年日の換算はできました。
では、日《ひ》の卦《け》を外卦《げけ》に、年《ねん》の卦《け》を内卦《ないけ》にして並べてください。
もし、あなたの日《ひ》の卦《け》が〝雷《らい》〟、年《ねん》の卦《け》が〝水《すい》〟なら、

雷水《らいすい》　☳☵

となり、表2の雷《らい》のグループをみると、〝雷水解《らいすいかい》〟となっています。これが、あなたの卦になります。
なお、日《ひ》の卦《け》と年《ねん》の卦《け》が同じ(天《てん》と天《てん》、火《か》と火《か》のような)場合は、本卦《ほんけ》ですから、天《てん》と天《てん》は〝乾為天《けんいてん》〟、火《か》と火《か》は〝離為火《りいか》〟となります。

念のため、もう一度やってみましょう。
もし、あなたが1957年(昭和32年)5月15日生まれですと、
①日《ひ》の卦《け》の換算　15÷8=1…7。7は山《さん》。
②年《ねん》の卦《け》の換算　57÷8=7…1。1は天《てん》。

外卦《げけ》（日《ひ》の卦《け》）は山《さん》、内卦《ないけ》（年《ねん》の卦《け》）は天《てん》ですから、この人は〝山天大畜《さんてんたいちく》〟という卦です。
なお、生年月日の月も重要な意味があります。これは本文の中で使いますので、そこの説明をよく読んでください。

以上で、生年月日を卦になおす方法はおわかりと思います。

あなたは自分の卦を出せましたか。自分の卦を卦の記号（☶☰）といっしょに紙に書いておきましょう。これで、あなたのすべてが驚くほど的確に浮き彫りにされます。

（表2の六十四卦の順番は、易経の順番〈易卦の論理的発生順〉ではなく、あなたが理解しやすいように組み替えたものです）

目次

索　引（卦の下の数字は記載ページ）

1

あなたがもって生まれた性格がわかる〈資質〉

第一章では、六十四卦それぞれの、もって生まれた性格を占ってみます。易でも人の性格がわかるのかと驚くかもしれませんが、本文を読めば納得できるでしょう。〝プロローグ〟で説明した方法で、あなた自身だけでなく、まわりの人たちの卦も出して読んでみてください。

さて、物事にすべて裏と表があるように、人間の性格にも陰と陽、二つの面があるといったら、思いあたるフシがどなたにもあるでしょう。じつは梅花心易には、この〝裏に隠された性格〟をみる方法があるので、それを教えましょう。最初に次のことを頭に入れてください。

①易の卦象《けしょう》（卦のかたち）は、䷅のように、下から順に番号があって、第一爻《こう》、第二爻……第六爻《こう》と呼びます（これを変爻《へんこう》という）。

②変爻《へんこう》は、生まれ月を表わします。その関係は次のとおりです。

第一爻《こう》＝一、七月生まれ　第二爻《こう》＝二、八月生まれ　第三爻《こう》＝三、九月生まれ
第四爻《こう》＝四、十月生まれ　第五爻《こう》＝五、十一月生まれ　第六爻《こう》＝六、十二月生まれ

③卦象《けしょう》（卦のかたち）は陰陽《いんよう》二種類で、⚋は陰、⚊は陽です。

〝裏の性格〟をみるには、自分の卦の変爻《へんこう》を、陰陽逆にすればよいのです。たとえば、あなたが〝澤天夬《たくてんかい》の四月生まれ〟とします。澤天夬《たくてんかい》の卦象《けしょう》は䷪です。そこで第四爻《こう》（四月）の陰陽を逆にしてみてください。䷄となるでしょう。この卦は、何になっていますか。11ページをみると、䷄は〝水天需《すいてんじゅ》〟です。これが、あなたの裏の性格、つまりもう一人のあなたなのです。

乾爲天《けんいてん》　明るくエネルギッシュな実践家

乾は健のこと。疲れを知らない、エネルギッシュな活動力を意味します。乾爲天生まれのあなたは、文字通り何事に対しても強い興味を持ち、それを旺盛な行動力に結びつけていく人です。そのさまは、天に昇る龍のよう。向かうところ敵なしといった勢いです。

歩きながら考えるタイプ。現実派で実践家ですから、男女を問わずまわりから頼りにされることも多いはずです。「あの人に頼めば何とかしてくれる」と思われるので、何かにつけて相談を持ちかけられたり、グループのリーダーに推されたりするでしょう。また、それを苦にせず、人の世話に労を惜しまないのが、あなたの美点です。

その反面、活動的な人にありがちな、せかせかした落ち着きのなさが迷惑がられたり、常に周囲に緊張感を抱かせる欠点を持っています。また、考えるより先に体が動くので、思わぬ失敗をすることもありがちです。ときには立ち止まり、あとを振り返ってみることも必要でしょう。

乾爲天生まれの有名人には、好奇心の固まりのようなタレントの黒柳徹子さん、自民党のヤングリーダー中川一郎さんらがいます。

また、乾爲天生まれの人は、総じて明るく、裏表のない一途な性格で、幼い弟妹の世話をする健気な長女といった印象を与える人もいます。女優の大竹しのぶさんがこのタイプです。

天澤履《てんたくり》　一本気でさわやかなチャレンジャー

履は、実践を表わします。必要とあれば、あえて虎の尾を踏むような危険にチャレンジする勇気と行動力が、この卦生まれの人にはそなわっています。

あなたは、目標が大きければ大きいほど、りんりんとファイトが湧いてくる人です。障害を恐れず、困難を喜びとして進みます。登山家なら、人の開拓したルートには目もくれず、自分でよりむずかしいルートを拓く人です。

とても純粋で、一本気な性格です。好きな人の心をつかむためなら、人目も気にせずその人の窓の下に立って、ひと晩中ギターを弾いてサービスすることだって平気です。

負けず嫌いで、野心家の一面も持っていますが、まわりの人から嫌われることは少ないでしょう。円満でさわやかな好印象が、強い性格を隠してくれるからです。目上の人にはいつも節度ある態度で接し、老人や幼い人たちには心やさしい気配りも忘れません。

名女形の坂東玉三郎さん。妖しいまでの優美さとしなやかな物腰の裏に、すきっと背骨がつき通っている人です。エベレスト登頂で名をはせた今井通子さんも、この卦の名に恥じない名登山家。作家の井上ひさしさん、タレントの愛川欽也さんなど、みなそれぞれに、この卦独得の才能を発揮して、他の卦の人とひと味ちがう活躍をしています。

天火同人《てんかどうじん》　理想を追い求める行動の人

天は天空、火は太陽。あなたは、果てもない天の高みに、究極の理想の火を求めてやまない人です。また、そのように努めようとすることで、よい運が自然ともたらされるという意味の卦です。安易な妥協を排し、不断の向上心を忘れないようにすることが、何よりも大切でしょう。

あなたには、他人の力を頼りにせず、独り自分の信ずるところに従って、天下の大道を堂々と歩いていく潔さがあります。それだけに、表面は穏やかでも、激しく火のように燃える闘争心を内に秘めている人です。ときにはライバルと火花を散らすような熱闘を繰り広げる場面も、長い人生にいくたびかあるでしょうが、そんななかから無二の親友を得られれば幸せです。

なかなか一徹ですが、わだかまりのない明るい性格、物事に機敏に対処する行動力と判断力に恵まれていますから、周囲の人々からは信頼され、期待されるでしょう。派手な美しさはないけれど、異性にも隠れた人気があり、とくに年下の子にはよく慕われます。

大勢の人々との交わりから、自分に有益なことを確実に学び取っていく賢明さもあります。

逆境のなかからスターダムを登りつめた山口百恵さん。調和のとれた柔軟性とつつましやかな美しさが、とても魅力的です。ほかに世界的指揮者の小沢征爾さん、作家の畑正憲さんも天火同人の生まれです。

天雷无妄《てんらいむぼう》　バランス感覚に富んだ常識人

あなたは、常識がとてもよく発達している人です。人と対するときは、いつも柔和な表情を崩さず、温厚で誠実な印象を与えます。初対面の相手とでも、たちまち打ち解けられる人当りのよい社交性は、あなたの生来の人徳です。だからとても交際範囲が広い。新年になると、もう顔も思い出せないような相手からも、たくさん賀状が届いたりするはずです。

しかし、あなたはときどき、いい知れぬ不安に襲われることがあるのではないでしょうか。数多くの友人たちに囲まれながら、ゾッとするような孤独を感じることが……。広く浅い交際、真実の友を得にくいのが、天雷无妄生まれの悩みの種です。「无妄」の无は無、妄は望、時流にさからわず、周囲の情勢に合わせて、無欲恬淡に生きることを意味します。しかし、優柔不断、付和雷同、信念の欠如などの欠点にも通じやすく、それが見えない壁となって真実の友情を生みにくくしているのです。

あなたを成りゆきまかせの無欲の人とは、いい切れません。ときとして、天に轟く雷鳴のように突如発奮して、高い理想に向かって走り始める人も、決して少なくないのです。

世界の大スター三船敏郎さん、豪放磊落そうに見えてなかなか細やかな神経の持ち主です。ほかに中村紘子さん、浅野ゆう子さん、宇能鴻一郎さんなどもこの卦生まれです。

天風姤《てんぷうこう》　人を退屈させないモテモテタイプ

春一番に野面を渡り、万物に春の到来を告げるそよ風のように、あなたの気性はさわやかです。また、あなた自身も、次々に花々を訪れて戯れる蝶のように華やかな存在です。異性にも同性にも人気があるでしょう。あなたの微笑に接すると、いやなことをすっかり忘れ、殺伐とした気分もいっぺんに和ませてくれるからです。

人を飽きさせずにもてなすサービス精神が、とても発達しています。チャーミングでモテモテなのに、そのことを鼻にかけてお高くとまったりすることがないのは、あなたの最大の長所です。そんなあなたが人に嫌われるはずがありません。けれど、ちょっと気になるのは、誰とでもうまくやっていきたいと願うあまり、上っ調子に滑りやすい点です。そのために、真実あなたを愛してくれる人、真実あなたが愛すべき人を見失いやすいとしたら、とてもソンなことです。

天風姤の「姤」は「逅」に通じ、人と人との偶然の出会いを大切にすると、幸運が多いという卦です。とくに女性は、いわゆる〝小商売〟を職業にすると、成功率が高いようです。

作詞家であり、女優としても嘱望されている阿木燿子さんの華やかさ、カメラマン立木義浩さんの温かい雰囲気、評論家戸塚文子さんの男勝りの活発さ。それぞれに、この卦生まれの特色をよく表わした活躍ぶりです。

天水訟《てんすいしょう》　処世の術を心得て、余裕のある人

太陽に憧れて、翼をいっぱいに広げながら、限りなく高く舞い上がった、あの伝説の少年イカロス。あなたもイカロスのように、力いっぱい高く、そして遠くへ飛び立ちたいと願う人でしょう。イカロスは、太陽に近づきすぎたため、ついには灼熱に撃たれて失墜してしまいます。

しかし、あなたには、イカロスの轍をふむことから我が身を守れるだけの、たぐい稀なバランス感覚が発達しています。とてもクールなイカロスなのです。あなた自身の太陽に向かって、高く遠く飛び続けはするが、決して盲滅法ではない。障害にぶつかると、翼を休めて思案し、しかるべき人にアドバイスを求める余裕もあります。

社会生活においては、あなたは自己PRがとても上手。ライバルが現われれば、強く意識しながらも、決してあわてふためいたりしないので、周囲の人にはよい印象を与えます。人と争わなければならない場合でも、とても用意周到、味方をたくさん作っておいてから、やおら必殺パンチを繰り出します。

あまりにも身の処し方が巧みなので、思わぬところで人の恨みを買いがちです。上ばかり見て飛び続けずに、ときには大地に降り立って、野の草や水の流れに目を向けることも必要でしょう。

この生まれには、俳優の丹波哲郎さん、漫画家の松本零士さんなど、異色の人が多いようです。

天山遯《てんさんとん》　機を見るに敏な一言居士

自分の思うことは、歯に衣を着せず、ズバズバと言ってのける性格です。女性でも男性に言い負けない人が多い。とても頭の回転が速く、口が達者。ひと言悪口でも言おうものならもう大変、ポンポンポンポーンと、三倍にもなってはね返ってきます。

自己顕示欲もかなり強く、何か事があると、パッと自分を前面に押し出して、意見や見解を披瀝して目立ちたがる傾向もあります。そのため、一言居士などというありがたくないレッテルを貼られることもあるでしょう。

プライドが高く、イイカッコシイで、その上何かにつけてひと言多いので、つまらぬ中傷を受けやすい。しかし、なかなか実行力があり、自分の言動には責任を持とうとする信念の強い人です。また、肩ひじ張っている割には、オッチョコチョイの軽妙さもあり、憎めない人柄です。ただし、諦めがよすぎて、ときには逃げ足の速い人間だと思われることもあります。「遯」は「遁走」に通じます。機を見るに敏でなければならないのは処世の第一歩ですが、方向転換の際には、まわりの人たちのこともよく考えて行動することが大切です。

政治家の三木武夫さん、荒船清十郎さん、映画監督の篠田正浩さんなど、みなこの卦生まれの有能さを持った人です。

天地否《てんちひ》　平等と自由を尊ぶ反骨精神の持ち主

あなたは、反骨精神がとても旺盛。平等を尊ぶ人に対しては友好的で親切ですが、権力や権威をかさに着た人には猛然と反発する性格でしょう。この卦は、天地が背き合うかたちを表わすので、あなたのこうした激しさも当然とうなずけます。

恋人に対しても、対等なつき合いを求める人です。お互いがそれぞれ相手に隷属し合うような愛は、あなたの性分に合いません。ですからあなたは、少々ムードに欠ける恋人といえるでしょう。「もうちょっと可愛い人であってくれたら、もっと素晴らしいのに！」と、彼は内心淋しく思っているにちがいありません。

いつも氷のようにしゃっちょこ張っているばかりでなく、もう少し水のような柔軟な姿勢を身につけると、あなたの人生はいっそう広く豊かなものになるはずです。

ちょっとせっかち過ぎるところもあるようです。白か黒か、性急に答えを求めないこと。グズ、ノロマにみえる人に対しても、イライラしてばかりいるのは逆効果。ときにはユーモアの心を発揮して、ソンな争いは避ける処世術を身につけることが必要でしょう。

作家の吉行淳之介さん、一見文弱の軟派にみえて、なかなかどうして、内に秘めた反骨硬派の精神はまさに天地否の典型。評論家の細川隆元さん、歌手の沢田研二さんなども。

天山遯生まれの女性は男をやりこめるタイプ。

天地否生まれの恋人はムードに欠ける。

兌《だ》爲《い》澤《たく》　心優しく子どものように純粋な人

兌は、少女・ロ・沼沢を象徴し、私心のない悦びを意味します。また、兌爲澤の卦は、兌（☱）が二つ重なり、乙女が二人楽しく語らう姿を示します。

あなたは、年をとってからも、少年や少女のようなロマンチックな心情、初々しい感情を保ち続けることができる人です。好奇心が旺盛で、未知の対象には目を丸くして膝を乗り出します。

また、友だち同士が集まると、あなたひとりで座をリードし、みんなの明るい笑いを誘います。

それだけに、かなりお節介な点も見逃せません。誰かれなくつかまえては、〝おネエさん〟ぽく見せようとお説教を始めたり、忠言を重ねたりするのは、あまりいいクセとはいえません。軽率に根も葉もないうわさ話を信じて、軽挙盲動しがちな点も要注意。

あなたは、心やさしく、子どものように純な人ですから、心の中に描いた空想の世界と現実を、ゴッチャにしているようなところもあります。しかし、いつまでも夢を保ち続け、若々しい気持でいられるのは、とてもよいことです。

俳優の米倉斉加年さん。画家・イラストレーターとしても活躍していますが、あの繊細なファンタジーの世界は、この卦生まれの性格をよく象徴しています。いつまでもみずみずしい美しさを失わない女優の高峰三枝子さん、政治家の竹入義勝さんも兌爲澤生まれです。

澤天夬《たくてんかい》　日頃は悠然、イザとなったら決然

夬は、決潰、決裂の決にあたります。人間にあてはめれば、剛毅で果断な行動を表わします。

澤天夬生まれのあなたは、ハガネのように強く、たくましい精神力を、内に秘めた人です。

日頃は悠然とかまえ、そのためのんびりとした性格にみられがちですが、決してそうではありません。その証拠に、あなたの真価は追いつめられたときに発揮されるでしょう。苦境に立たされ、どうしてよいか分からなくなったとき、あなたのエネルギーは突然爆発するのです。押しても引いても動かなかった牛が、暴走すると誰にも止められないのに似ています。その勢いたるや、堤を破った奔流のようでもあります。

長所は同時に欠点ともなるものです。あなたにとって大切なのは、何事も一気に解決しようとせず、時に利あらずと判断したら、じっと我慢すること。一時の精神の高ぶりに身をまかすと、何もかも台無しになる恐れがあります。

しかし、ふだんのあなたは、従順で穏やかな人です。独特の粘りもあるので、堅実な生き方を外さないよう心掛けたいものです。

推理作家の森村誠一さんがこの生まれ。終盤のどんでん返しで読者をアッといわせる作風は、澤天夬の象意そのままです。ほかに、タレントの永六輔さん、木之内みどりさんらがいます。

澤《たく》火《か》革《かく》　自分にも他人にも厳しい人

人は、あなたをつかみどころのない人間だというかもしれません。一見とっつきにくそうで、そのくせどこかトボケた感じもあり、柔らかいと思っていると、思わぬところにとても厳しかったりする……。

あなた自身も、自分はいったいどんな人間なのだろうかと思ってみることはありませんか。自分の言動や生き方をふり返ってみて、いろいろと自分自身を点検してみることもあるはずです。それは、あなたの自省癖の強さ、自分に厳しい性格のなせるわざです。

同時にあなたは、他人に対してもきわめて厳しい一面を持っています。自分がこんなに苦しんでいるのに、なぜ分かってくれないのか。自分の愛をどうして受け入れてくれないのか、と相手に強く迫ることもあるでしょう。

過ぎたるは及ばざるがごとし。ほどほどの厳しさがなくては、放逸に流れてしまいますが、厳しすぎるのは考えものです。

画家の岡本太郎さんに見られるような、飄々とした中にある毅然たる姿勢、また評論家中野好夫さんの、権威に対する反骨の精神も澤火革の特徴的なものです。他に女優の太地喜和子さん、中野良子さん、詩人の寺山修司さんなどがいます。

澤雷随《たくらいずい》　サービス精神満点のお人好し

あなたは根っからのお人好し。サービス精神満点で、にぎやかなことが大好きです。たとえ忙しいさ中であっても、人が訪ねて来れば精いっぱいもてなすし、パーティなどでは積極的に座を盛り上げようとするでしょう。

感受性が鋭く、他人の眼を意識しがちなので、座がシラケたり、相手が不快な思いをするのが耐えられない。だから時には、自分を道化に仕立てても、笑いを誘おうとする人でしょう。しかし、騒々しさが過ぎて眉をひそめられ、嫌われてしまうこともないとはいえません。

サービスするのは結構ですが、いらぬ世話は焼かぬこと。さりげなく、落ち着いたつき合いをすることで、あなた本来の誠実な暖かさを理解してもらいましょう。

あなたはまた、好奇心旺盛な人でもあります。何にでも手を出したがり、また手を出した事柄については、それなりにこなしていくだけの器用さも持ち合わせています。ただ、広く浅くだけでは、いつまでたっても腰の落ち着くところを見出せません。これと決めた事（人）ができたら、しばし立ち止まって、一歩ずつ着実に進んでいくように心掛けてみましょう。

澤雷随生まれの人には、落語家の立川談志さん、宗教家の池田大作さん、映画監督の羽仁進さんなどがいます。

澤風大過《たくふうたいか》　ハガネのように強靭な魂をもつ

「憂きことのなおこの上に積もれかし　限りある身の力試さん」という歌があります。辛く困難なことが、もっともっと自分の身の上に降りかかってほしい。精一杯それに立ち向かって、自分の能力の限界まで戦ってやろうじゃないか、という意味です。

この歌の作者のように、あなたは、困難に対してハガネのような強靭な魂を持っています。いくつかの進むべき道があるとしたら、あなたは最も辛く、険しい道を選ぶでしょう。決して安易な、お膳立ての整った道を進もうとは思いません。逆境に身を置くことによって、誰にでも真似のできない真価を発揮する人です。

ぬるま湯につかったような、中途半端な状態には耐えられません。異性関係でも、好きになった相手には、トコトン自分の情熱の限り燃えようとします。そして、愛欲の渦のなかで、二進も三進もいかなくなるといったようなこともしばしばです。

自分の過激な心情に忠実であろうとするあまり、常識を無視することもあるでしょう。しかし、それでは人間関係がうまくいきません。高ぶりがちな気持を抑制することが大切です。

元阪急監督の上田利治さん、作家の円地文子さん、実業家の盛田昭夫さんなどが、澤風大過生まれです。

澤水困《たくすいこん》　陽気で明るいが、おせっかいやき

困は、試練をへて伸びるという意味です。

澤水困の人は、なかなかに苦労性です。引き受けないでもよいことにまで手を出して、自分で苦労を背負いこんでしまう傾向があります。

とはいっても、やさしくて面倒見のよいところは大切にしたいものです。おしゃべりで、一見軽薄にみえることもありますが、そのやさしさと世話好きな点は、周囲の人たちに好感を持って受け入れられています。でも、世話の押売りは禁物です。

あなたは、いったいに、自己主張が強すぎるきらいがあります。こんなに苦労したんだとか、これだけは言っておきたいんだなどと、あまり声高に主張していると、周囲の人からうとんじられます。苦労は、じっと一人耐えてこそ値打ちの出るものです。

また、南国的気質で、喜怒哀楽をすぐに表わすあなたは、神経質な人からは嫌われてしまうかもしれません。耐え忍び、自分を抑制する器量を身につけたとき、あなたは本物の能力を発揮でき、周囲の尊敬を集める人になるでしょう。

多士済済な澤水困生まれの著名人には、政治家の不破哲三さん、作家の野坂昭如さん、評論家の佐々木久子さん、実業家の中内功さんなどがいます。

澤山咸《たくさんかん》　惚れっぽくて夢見がちなロマンチスト

「咸」とは、陰陽二気が互いに感応し、交感し合う象《かたち》。

あなたは、とても官能的な魅力に富み、惚れっぽいタチです。不思議な周波の同調現象によって、たちどころに異性と親密になれる魔力のようなものがそなわっています。したがって、ただ楽しく遊ぶだけなら、女性も男性も相手に不自由はしません。

男性は、少なからず〝ドンファン〟、女性は、やや〝尻軽女〟の印象がぬぐえません。

喜びにつけ悲しみにつけ、それを包み隠そうとしないあなたの素直さは、長所でもあり短所でもあります。周囲から見れば、いささか感情オーバーに見えますが、それがまたあなたを、いっそう可愛らしく見せている点です。しかし、そんなあなたの一挙手一投足がたまらなく嫌だ、と感じている人も世の中には少なくありません。

あなたの本性は、夢見がちなロマンチスト。その純粋さをいつまでも失わなければ、いつか他人から一目置かれる人物になれます。ただし、くれぐれも感情のコントロールに努めること。潤いのある感受性豊かな性格も、生のままで露骨に表現されたのでは、摩擦の原因になるだけです。

偉大なボクサー、小さな巨人の具志堅用高さん、歌手の郷ひろみさん、漫画家の池田理代子さん、政治家の飛鳥田一雄さんなどがこの卦生まれです。

澤地萃《たくちすい》　ヤジ馬精神の強い社交家

萃とは、草が群生していることで、人や物が集まるという意味です。澤地萃生まれの人はどこか華やかで、社交的ですから、周囲にはいつも人が集まり、和やかで楽しい雰囲気が生まれます。もともと一人でいることのできない性格でもあります。

人にも物にも旺盛な好奇心を示し、面白いと感じれば、すぐに飛びつきます。悪くいえばヤジ馬根性丸出しの人。気をつけないと、何にでも手を出して、結局何もつかめなかったということにもなりかねません。ただあなたは、たくさんのものを消化できるだけの、どん欲な胃袋を持っています。案外に、どの分野でも第一人者になれる能力があるのかもしれません。

また、あなたは神秘的なものが大好き。身につけるものも、一風変ったものを好むようです。珍奇な道具類を集めてみたり、植物採集に興味を抱いたりするなど、コレクター的要素も強く持っています。

決して豪快な人ではない。大騒ぎをしながらも、こまやかな気配りを常に忘れないやさしいあなたですが、それだけに、どことなく頼りない感じがつきまといます。重大事に臨んだら、毅然として、真正面から立ち向かう姿勢を持つことも大切です。

女優の浅丘ルリ子さん、作家の小田実さん、評論家の草柳大蔵さんなどが澤地萃生まれです。

離爲火《りいか》　負けず嫌いな猪突猛進型

離とは、太陽の象徴です。火のような情熱と、明晰な知性を意味します。また離は麗《り》に通じ、美しい若鹿の雌雄が並び立つ姿でもあります。

離爲火生まれのあなたは、この卦象《けしょう》そのままの性格です。派手やかで活動的で、どんなことにも情熱の限りを尽くしてぶつかっていく人です。

何をやっても、あなたは自分が中心にならないと気がすまないでしょう。自己顕示欲が強く、とにかく人より一歩でも先を歩きたいと願う人なのです。負けず嫌い。勝ち気。それだけに、人間関係に衝突や摩擦を起こしやすいともいえます。知的で賢い人ですから、決定的な衝突は上手に回避していきますが、無意識に他人に傷を与えている場合もあるでしょう。

あなたに必要なのは、周囲との協調性です。走っていても時折は、立ち止まって他を顧みる時を持ちましょう。

あと先を考えずに突き進んでいても、何でも結構サマになってしまう不思議な性格の人でもあります。ふと気がつくと、世間から注目されるような事をやりとげていた、という場合も多いようです。

著名人では、ファッション界の鳥居ユキさん、歌手の加藤登紀子さん、橋幸夫さんなど。

火天大有《かてんたいゆう》　チャンスをつかむのが上手な人

太陽が中天高くのぼっているかたちがこの卦で、盛運と豊年、裕福と円満を表わします。あなたは天の時をじっと待ち、チャンス到来とみるや、それを確実にとらえて大きく飛躍することができる人です。チャンスに対する嗅覚は鋭く、何かにつけてラッキーな人と評されていることでしょう。

ツキがないと思えばアッサリと諦める男性的な性格を持ち、出処進退が鮮やかなので、たいへんカッコよく見えます。だからあなたの周囲にはおのずと人が集まり、またそれを見事に引っぱる実力に恵まれているので、指導的な立場で大きな成功をおさめることができるでしょう。

理想家肌で言動がスマートなのもこの卦生まれの魅力。そのため異性間の人気もかなりのものです。が、それだけにねたまれたり、つまらない中傷をされることも多いでしょう。気にせず、思うままに振る舞っていれば、いずれ時間が解決してくれます。

時流に乗り、調子のよいときはよいが、いつもそううまくいくとは限りません。「アリとキリギリス」の寓話ではないが、最悪のときを見越して普段からそなえを怠らないことが大切です。あなたに、そうした細心さ、用心深さが身につけば鬼に金棒でしょう。

政界の稲葉修さん、脚本家の松山善三さん、タレントの武田鉄矢さんらがこの卦生まれです。

火澤睽《かたくけい》　あくまでも筋を押し通す頑固一徹者

あなたは、良くも悪くも一徹者。あいまいなことが大嫌いです。筋が通らないことには、生理的な嫌悪さえ感じます。ですから、不合理なことや矛盾することがあれば、それをとことん追求して止みません。

お節介ではありませんが、とても注文がうるさく、他人のことに口を出すので、煙たがられる傾向があります。しかし、いったん自分で引き受けたことは、完璧に成し遂げようとするので、周囲の信頼は厚く、貴重な存在です。

あなたの妥協を許さない頑固さは、少年のように一途な純粋さに由来するものです。それをいつまでも保ち続けることも大切ですが、青臭い正義感を盾に、他人の小さなミスに目クジラを立てすぎるのは、いただけません。安易な妥協はすべきではありませんが、時には清濁あわせ呑むといった度量の広さを示すことも必要です。

周囲と反目、離反しやすい運勢ですから、それにいかにうまく対処するかが、あなたにとって一つの大きなテーマです。謙虚に一歩退いて自分を振り返った時に、これまで正しいとばかり思っていたことの欠点も見えてくるものです。冷静にもっと気持を大きく持ちましょう。

大関の貴乃花関、作家の山口瞳さん、政治家の中曽根康弘さんなどがこの卦生まれ。

火雷噬嗑《からいぜいこう》　石橋を叩いて渡る堅実な人

石橋を叩いて渡るような堅実さが、あなたの真骨頂です。何をやらせても歩みはのろいが、確実に上達して、ついには最高峰を究める人です。ですから当然、多くの人から信頼され、認められます。特に、与えられたことを、着実に間違いなくこなしていく能力は、大変なもの。あなたになら安心して任せられると、あちこちからいろいろな頼まれごとが持ち込まれることでしょう。

ただ、あまりにも用心深いので、はたから見ると、どうにもジレったい。早く何とかすればよいものをと、歯がゆくなってしまいます。恋愛問題にしても、なかなかゴーサインを出そうとしないあなたの態度は、相手に不安を与えてしまいがちです。恋愛に限らず、判断に迷うことがあったら、時には目をつぶって跳ぶ勇気を出すことも大切です。

あなたには、本来、明敏な洞察力と威厳、それに獅子のような勇猛心もそなわっています。ただ、それらが慎重さの陰に隠れて、スムースに発揮されないうらみがあります。

もろもろの障害に勇気をもって、一つ一つ乗り越えたとき、あなたには至上の幸運が訪れるでしょう。ですから、急ぎ過ぎるのはよくありません。

イラストレーターの横尾忠則さん、作家の源氏鶏太さん、陸上自衛隊の元幕僚長・栗栖弘臣さんなど、この卦生まれは多士済済。

火風鼎《かふうてい》　人の上に立つ人だが敵も多い

鼎《かなえ》は、昔中国で、神に捧げる供物を煮た器。三本の脚にしっかり支えられているところから、協力・共同を意味します。

あなたには、不正や醜悪なものを憎み、高尚なもの、美しいものに憧れる高潔な品性がそなわっています。変事にあっても動揺することのない落ち着きと、堂々と自信に満ちた態度は、人の尊敬に価するものです。

あなたの能力は、人々の上に立ち指導監督する地位についたとき、最も力を発揮するでしょう。ただ、あまりに何でもできすぎて、欠点らしい欠点がないために、それがかえって見る人によっては、イヤ味な人間と映る場合もあります。また、事実、自分の能力や趣味の良さをハナにかけて、他人を一段見下したようなデカイ態度の人も少なくありません。

この卦生まれの女性には、美人が多いようです。眼元につややかなお色気があって、たくさんの男性の胸を焦がします。ただし、モテるからとイイ気になっていると、その他大勢の同性たちに、寄ってたかってイビられることになります。

火風鼎の有名人には、俳優の加山雄三さんや小林旭さん、歴史家の家永三郎さん、作家の庄司薫さんなどがいます。

火水未済《かすいみさい》　ファッション感覚抜群の行動派

あなたはとても快活で、活動的です。じつによく働く。のんびりと腰を落ち着けて、何もせずにいるのは、性に合いません。一つ事が済めば、次にやるべきことを見つけてきて、すぐにそれに取り組む、という具合です。やるべきこと、やりたいと思うことをたくさん抱えていて、いつもコマネズミのように忙しそうにしている人です。

流行を追いかける傾向があります。その意味では、やや無定見といわれても仕方がないでしょう。しかし、ファッション感覚はなかなか鋭く、流行に自分をフィットさせるのが上手です。考え方はとても柔軟、事態に即応して現実的に対処できる人です。固定観念にとらわれない代りに、自分の信念がいつもぐらついていたり、あるいはそんなものはいっさい持たないという人もいます。

あなたの中には、火と水が同居しています。しかも、「火水」は、水の上に火がある姿、非常に不安定な混沌とした状態を表わします。また、「未済」とは、未完成を意味します。自分を完成させる前に、あきっぽく目的を放棄したり、挫折に見舞われたりしやすいのです。あれもこれもと、あまりにも目的を多く持ちすぎるのがあなたの欠点です。

著名人では、俳人の楠本憲吉さん、歌手の松任谷由美さん、作家の大庭みな子さんなど。

火山旅《かざんりよ》　好奇心と孤独——生まれながらの旅人

旅《りょ》は、文字通り旅《たび》のことです。古代の旅は、命をかけた難事でした。交通、宿舎の不便、見知らぬ土地、なじみのない人々と接する不安は、現代人の想像を越えるものがあったでしょう。そこからこの卦は、孤独、失恋、内心の不安などを象徴し、人生の重荷を背負って歩む旅に喩えられたのです。

火山旅生まれのあなたにも、いくぶん孤独な面があるでしょう。そしてやはり、旅が好きなはずです。旅を好む人の持つ二つの性格——未知のものへの好奇心と、一人になって自分を見つめる内面性のうち、あなたは後者の傾向の強い人です。同時に自尊心も強いので、気軽に人の輪に加わっておしゃべりをするということも、なかなかできない性格です。だから、格別すましているわけではないのに、お高い人と陰口をきかれることもあるでしょう。この生まれの女性にはスタイリストが多いためか、こうした印象を強く与えがちです。男性なら逆に、翳のあるナイーブなところが魅力となって、女性の母性本能をくすぐる場合も多いでしょう。

いつも自分の心だけを見つめているあなたですが、一人旅には思いがけない危険もあるものです。心を開いて人との交わりを求めることも必要です。

著名人では、作家の遠藤周作さん、茶道家元の千宗室さん、写真家の篠山紀信さんなど。

火地晋《かちしん》　未知のことに立ち向うパイオニア

いつも明るい表情をして、希望に満ち満ちているあなた。たとえ失敗続きでも、決してクヨクヨとはしていません。晴れ渡った東の空に、ちょうど今、昇り始めたばかりの太陽のようにいつも初々しく、意気軒高としています。

ちょっと大言壮語癖のようなところもありますが、それは自分自身を勇気づけるための生活の知恵。地に足がしっかりと着いていて、自分がなすべきことと、努力の尊さをよく知っている賢い人です。実行力に富むので、周囲の人々から尊敬され、目上からも可愛がられます。

初対面の相手や、初めての慣れない仕事にも臆することがありません。むしろ、未知の事柄に接し、それに全身で取り組むことを大きな喜びとしています。ただ、張り切りすぎて、時には大きな失敗をやらかすこともあります。周囲の状況を考えずに、猪突猛進する傾向にも要注意です。好奇心が旺盛で、いろいろなことに積極的に取り組むので、落ち着いた生活を望む相手とは、パートナーにはなりにくいかもしれません。

そのときがくれば、トントン拍子に出世するタイプですから、功を焦らないこと。

実業家の井深大さんのパイオニア精神、作家の森村桂さんの童女のような明るさ、女優の有馬稲子さんの華やかさなど、火地晋の特徴がよく表われています。

震爲雷《しんいらい》　喜怒哀楽を隠せないタイプ

あなたは、喜怒哀楽の感情をグッとこらえて平気を装うことがニガ手です。心の中の状態がパッと表情やゼスチャーに表われてしまいます。イヤなことには、いかにも不快だという表情を隠そうとしません。その点、とても露骨です。何かにつけて、まわりの人の迷惑など考えずに大騒ぎする傾向もあります。そんなあなたなのに、意外と多くの人からもてはやされるのは、済んでしまったことにはこだわらない、サッパリした性格だからです。それに、サービス精神にも富み、無類のお人好し。困っている人を見ると、黙って引込んでいることができないタチです。

何か頼まれると、イヤとはいえず、二つ返事で引き受けてしまうような気の弱い面もあります。自分の意志を、ハッキリいえる勇気を持つこと。あまり八方美人になっていたのでは、いくつ自分があっても足りません。それに、軽はずみな親切はかえって、アダになるばかりです。

いかなる事態に直面しても、冷静沈着に判断してから行動すること、それがあなたのテーマです。確固たる自分を確立しさえすれば、より高く自分を押し上げる実行力と知恵が、あなたにそなわってきます。

巨人軍監督の長島茂雄さん、女優の松坂慶子さん、劇画原作者の梶原一騎さんなど、震為雷生まれは、バラエティーに富んでいます。

雷天大壮《らいてんたいそう》　口八丁手八丁の八方美人

あなたは、口八丁手八丁の、たいへん愉快な人物です。一見、遊ぶことが大好きで陽気なだけが取り柄の、中身の薄い人物に見られやすいが、そうではありません。根は、沈着冷静な思考型人間です。ただ、それをあまり表面には出さないだけ。仲間の集まりや職場の会合などで、必要とあれば堂々と自分の意見も述べますが、それは決して口先ばかりのものではありません。体験と実績、それに十分な思考に裏打ちされているので、なかなか説得力があります。

適応性に富んでいて、あまり自分を強く押し出さないタイプです。だから、どんなグループに属しても、どんな環境に置かれても、自分のカラーをそこに溶け込ませて、うまくやっていくことができます。また、的確な判断によって、物事を迅速に処理する能力も相当なものです。

万事にソツがなさすぎるのが、あなたの長所であり、また大きな欠点といえるかもしれません。そのために、〝要領のいい八方美人〟と見られやすいのも事実です。常に相手をたてようとする謙虚さは、優れた美徳として大いに評価はできますが、時には、頑固なくらい強硬に自己主張することも大切です。そうすれば、あなたへの信頼はさらに増していくでしょう。

俳優の石坂浩二さん、探険家の植村直巳さん、評論家の秋山ちえ子さんなどが、この卦生まれです。

雷《らい》澤《たく》帰《き》妹《まい》　明朗で積極的だが気まぐれ屋

「雷澤」は、沼沢の上に雷鳴が轟き、水面を波立たせている状態を表わします。また、「帰妹」は、若い女の方から積極的に働きかける結婚を意味します。これは、この卦生まれの人が常に精神面の充実を図っていないと、世の常道に反しやすいということを示しています。

あなたは、根は純情で誠実なのですが、どうも表面に出るのは、気紛れな面ばかり。気が向いたら一生懸命に頑張りますが、少しでも機嫌を損ねると、もう知らんぷり。仕事でも人づき合いでも、気分のムラが目立ちすぎます。

何を置いても、この気紛れな性格は、少しでも良い方へ改めることが肝心です。とはいっても、生まれつきの性格を一朝一夕に改めるのは無理な話かもしれません。また、あまり本来の自分を抑えつけたのでは、欲求不満に陥ってしまいます。陽気、積極的、気前がイイなどの美点もありますから、そうした面は、大いに伸ばすようにしたいものです。

恋愛においても、あなたはなかなか積極的。ただし、愛を告げたら自分の言葉には責任を持つこと。お天気屋ぶりを発揮してあまり無責任になると、痛烈なシッペ返しがあることをお忘れなく。

著名人では、元首相の田中角栄さん、歌手の岩崎宏美さん、評論家の塩月弥生子さんなど。

雷火豊《らいかほう》　一見軟派だが芯には硬派の血

飄々とした態度の底に、確固たる自分を確立しているあなたは、いわば外柔内剛の人。「そぞろ歩きは軟派でも、心にゃ硬派の血が通う…」と歌の文句そのままに、ちょっと斜に構えて、カッコ良く世の中を渡っていく人です。ただ、そのカッコ良さがどうにもハナもちならなく、キザにしか見えないこともあります。ずいぶんヤセ我慢をして、無理をしているのが見え見えだからです。中途半端にカッコつけるくらいなら、もっと素直に生きたほうが良いでしょう。地のままでも、あなたは十分にチャーミングなのですから。

男性には、不平不満型が多いとされています。そうしたタイプは、とかく自分自身を甘く過大評価する傾向があるようです。だから、いつも自分だけがワリを喰っているように思えて、斜に構えることにもなるのでしょう。周囲から正当に評価してもらうためには、もう少し自己PRを上手にしましょう。

女性は対照的に、忍耐心の強い円満型が多いようです。何をいわれても笑って聞き流せる心の広い人ですが、ときには白黒をハッキリつける勇気を発揮しないと、軽く見られてしまいます。

華道家元の勅使河原宏さん、神奈川県知事の長洲一二さん、タレントの片平なぎささんなどが、この卦生まれです。

雷風恒《らいふうこう》　なにごとにも筋を重んじる硬直型

あなたは、何事にも〝首尾一貫性〟ということを、とても大切にします。筋の通らない、いい加減なことは、大嫌いです。もし筋が途中で曲っていたり、途切れていたりすれば、まっすぐ最後まで引き直して、明確な決着をつけようとします。

こういうと、まるで融通のきかない〝石部金吉〟風な人物のような感じもしますが、あなたの場合は、ちょっとニュアンスが違います。基本的な筋道さえきちっと守られていれば、その他の細かいミスなどには、きわめて寛容です。誰でもが守っている、常識的なルールやセオリーを、違反したり無視したりすることに対して、厳格で口うるさいだけなのです。

ただ、世の中には、いい加減で無責任な人間ばかり多いので、そうした人たちの間では、あなたは、話の分からない頑固者として、かなり目立つ存在かもしれません。

生活信条がしっかりしていて、それを信念として生きる姿は立派ですが、あなたには、古くさい固定観念に縛られて、思考が硬直しやすいという欠点は確かにあります。それを防ぐには、常に多くの人と交わり、いろいろな考え方を吸収するように努めることです。

雷風恒生まれには、作曲家の黛敏郎さん、俳優の森繁久弥さん、総評議長の槇枝元文さん、直木賞作家の向田邦子さんなど、多彩な顔ぶれが揃っています。

雷水解《らいすいかい》　さみしがり屋でデリケートな人

外面の行動だけを見ていると、図太い神経の単純人間に見えるあなたですが、内面はその正反対。とても感じやすいデリケートな神経の持ち主です。いつも陽気に騒ぎ、何の悩みもないかのように見えるのは、もっと強い自分を演出するための、〝演技〟にほかならないのです。

小さいことを大げさに考えて、動揺しやすい性格ですから、独りでいると、その動揺がどんどん大きくなって支え切れなくなり、取り乱してしまうこともあります。日曜日の歩行者天国へ好んで出かけたり、ディスコに入りびたってフィーバーしたり、しょっちゅうパーティを開いたり、深夜に友人へ電話をかけて起こし長話をしたりするのは、独りになるのが恐くてしようがないからです。

そんなあなたの〝弱さ〟を理解して、暖かく包み込んでくれる人の出現を、あなたは待望しているに違いありません。しかし、もしそういう人がなかなか現われないとしたら、それは、あまりにもあなたが自分の感情にこだわりすぎるせいです。自分の感情にこだわるということは、それだけ相手の感情を無視していることを意味します。自己本位にではなく、相手本位に考えることができるようになれば、もっと強い人間になれるはずです。

著名人では、タレントの三波伸介さん、政治家の西岡武夫さん、旅行家の兼高かおるさんなど。

雷山小過《らいさんしょうか》　控え目に過ぎる内気なタイプ

あなたは、いつも後ろの方に引っ込んで控え目にしている、奥ゆかしい人です。争うことがたまらなくイヤで、人の機嫌を損ねるようなことは決して口にしません。

人を傷つけず、円満であるのはハッピーな性格ですが、それが極端すぎるのは、どんなものでしょうか。いつも他人の顔色ばかり気にして、自分というものが見失われているとしたら問題です。結局、表面的な交わりしかできず、真の友情を芽生えさせることは不可能です。思い上ってばかりいるような相手には、ときには痛撃を喰らわせてやることも大切です。一時的な冷却はあっても、誠実な気持から出たものであれば、やがて相手もあなたに感謝することになるでしょう。

女性はとくに、引っ込み思案になる傾向が強いようです。相手によく思われたい、変に誤解されて孤立したくないという気持が強すぎるからです。もっとおおらかに、当り前の気持で振る舞うように努めたら、楽に自分の良さを表わすことができるでしょう。

男性は、論理的に物事を考える、沈思黙考型の人が多いでしょう。ただ、ちょっと小さくまとまりすぎていて、面白味に欠ける傾向があります。もう少し八方破れに構えると、ぐっと人間的な幅が増すはずです。

著名人では、作家の色川武大さん、歌手の淡谷のり子さん、俳優の三国連太郎さんなど。

雷山小過の男性は論理的だが面白味に欠ける。

雷水解生まれは
図太く見えても根は
淋しがりや。

雷地豫《らいちよ》　弾力性に富む強い精神力の持ち主

厳しい冬の終りを告げる春一番が吹き荒れ、春雷が野の枯木の梢を震わせて轟き渡るとき……そんな季節をこよなく愛している人です。あなた自身も、早春のそよ風のように爽やかで、明るい人。おとなしく遠慮がちに見えますが、本性は、陽気でにぎやかな、お祭り好きな性格です。あなたに接していると、自然と心がなごみ、細やかな心配りに公平な温かさを感じて、幸福な気分になれます。誰からも好意を抱かれる、トクな性分のあなたです。大好きな音楽や絵画を通じて、多くの友人にも恵まれるでしょう。

ほとばしるようなエネルギーと情熱を内に秘めながら、自己主張は最小限度。はたから見ていると少々じれったくなることもあります。のんびりとして、控え目なのはあなたの人間性ですが、チャンス到来、ここぞというときには、もう少し積極果敢な攻撃精神が大切です。少々無理をしても、もともとバランス感覚に優れているあなたですから、簡単につぶされることはありません。あなたが最も真価を発揮するのは、危機に直面したとき。弾力性に富む強靭な神経が、いつもあなたを支えてくれるでしょう。

著名人では、〝世界の王〟とうたわれる巨人軍の王貞治さん。雷地豫生まれの特性を百パーセント発揮している人といえるでしょう。俳優の萬屋錦之助さん、ルポライターの立花隆さんも。

巽《そん》爲《い》風《ふう》　人あたりはよいが風見鶏的なところも

巽は、神に食物を供えること。そのシンボルは風。絶対的なものへの恭順を意味しています。雄々しく前方に立ちはだかるもののわきを、風がすり抜ける。それがこの卦のイメージです。

何ごとに対しても、やさしく穏やかで、人に逆らうことを知らないあなたの性格は、誰の心にもすんなりと入りこみ、相手の負担になるような行動は決してとれません。他人から恨みを買うこともなく、職場やサークルなど、どのようなグループのなかでも、スムースに生きてゆけます。

しかしその反面、他人の相談にのることが苦手で、頼りがいのない人だと思われがちです。風見鶏などという、あまりありがたくないニックネームをもらい、ときには信念の欠けた性格のように、軽くみられてしまうこともあるでしょう。

優れた指導者にめぐり合えるかどうか。それによって人生は、右にも左にも進む可能性があります。的確な判断をみせてくれる人が身近にいたときにはじめて、より豊かな人生を過ごすことができるでしょう。

謙虚な態度も度を越してはいけませんが、思わぬ偶然に導かれて、自分では気づかないままに何かに踊らされている状態は、もっと悲劇的といえるでしょう。

著名人では、女優の吉永小百合さん、作家の中島梓さん、将棋界の木村義雄十四世名人など。

風天小畜《ふうてんしょうちく》　小成に甘んじやすい見栄っ張り

畜とは、田の作物が豊かに実ること。風は天空高く流れゆくばかり。地上の作物も、いまだ芽生えにすぎないという意味です。春の田に植えられた苗のように。それがこの卦のイメージです。

風天小畜の人は、みのりの時までには、なおさまざまな出来事をくぐらなければなりません。望みが達成できるか否かは、ひとえにあなたの努力のあるなしにかかっています。

もともと成功運が見えがくれしているのですから、とかく気持がはやり立つ傾向にあります。現在の姿が、時として大きく受けいれられてしまうため、それがまだ一里塚にすぎないことを、つい忘れてしまいがちです。一時の喝采に迷わされることなく、より大きな目的に向かって歩み続けるひたむきな心が、何より必要でしょう。

春の早苗には春のすがすがしさを、夏の苗にはそのときのたくましさを、初秋の稲穂には熱い予感を、周囲のだれもが認めるものです。しかし、それらはいずれも、その場限りの見栄えであって、ほんとうの頂きはもっと先にあるのだということを、つねに自分に言いきかせつつ、持って生まれた才能を磨いていけば、間違いなく大きな収穫を手にする時期がめぐってきます。途上での暴走には、くれぐれも注意すること。

著名人では、華道家元の池坊専永さん、歴史学者の羽仁五郎さん、女優の樫山文枝さんなど。

風澤中孚《ふうたくちゅうふ》　誠実さあふれる悩める者の味方

孚とは、親鳥が爪でたまごの位置を変えながら、ひなをかえす様子を表わしています。心の中心にいつも、親鳥の気持をもっているという意味です。背の高い草の生い茂る水辺をそよぐ風。草をなびかせ、水面を波立たせる。それがこの卦のイメージです。

いまこそそのときだ、と直感したら、あなたはわが身のことよりも真実に至る道を選ぶ人です。この誠実さにあふれる性格が、まわりの人を深い感動に導くわけです。迷い悩める人にとっては、まさに干天の慈雨。誠実さのなかでのみ、生まれながらにしてそなわった才能に、命が与えられます。

周囲には、あなたの人柄を慕って多くの人が集まるでしょう。その反面、思いがけないときに、かなりの強敵と出会い、困難な状況に追いこまれもします。分不相応な野心を抱いたときには、とくにこの傾向が強まるので、他人から頼まれていることに自信を持ちすぎてはいけません。

親鳥の愛も、ひながいればこそ生きるというもの。まちがっても、ひな鳥の信頼を裏切らないこと。それが、時おり訪れる危難を避けるただ一つの道です。

あなたは遠い彼方に思いをはせるよりも、足元からまず、固めていくべきでしょう。

著名人では、将棋の升田幸三さん、歌手の八代亜紀さん、俳優の松田優作さんなど。

風《ふう》火《か》家《か》人《じん》　こまやかな心配りのマイホーム型

家人とは、家族のことです。

火にとって適度の風は欠かせません。また、穏やかな炎は、やわらかな風をつくります。冬の夜、ストーブで燃える静かな炎をイメージにえがくとよいでしょう。

家庭がなごやかな雰囲気に包まれているときには、心配の種は決して芽生えません。もともと家族に対して、こまやかな心づかいをみせるあなたですから、何かのはずみで意地をはって、ことさら波風を持ち込まない注意が大切です。

風と火が、ほどよく加減されていればこそ、満ち足りた人生を送れるのですから、ときには我を殺してでも、家族の立場に暖かな理解を示すことが必要でしょう。

職場やグループの中にあっては、なにくれとなく身近な人の世話をやいている自分に気づかされるでしょう。女性ならば、良妻賢母の素質十分。家庭を円満に治めていくことに、すばらしい能力を発揮します。たとえ口うるさい他人から、マイホーム型の人間だといわれようとも、堂々と胸を張って、家庭サービスに努めるとよい。家庭のなかに心配事があっては、何をするにも大きな障害になる性格なので、いつも生活の中心を、わが家の中におくことです。

著名人では、俳優の関口宏さん、林隆三さん、作家の堺屋太一さん、女優の北林谷栄さんなど。

風雷益《ふうらいえき》　私心のない誠実な性格

益は、皿のうえから水が溢れ出るかたち。周囲をうるおすという意味です。また、雷とともにまきおこる一陣の風を、あたまに思い浮かべてみましょう。それがこの卦のイメージです。

何ごとにも素早く反応するあなたの性格は、つねに吉と凶を同時にもっています。他人のために立ち上がったときにはよい結果を生みますが、自分の利益をあてにした行動には、失敗がつきものです。勢いよく花火を打ち上げたまではよかったが、終りは何やらしりすぼみ。そんな事態を招かないように、軽はずみな熱狂は慎むことです。

辛い状況にもぶつかります。しかし、誠実な性格なので、苦しみを味わうことによって、前にも増して磨きこまれた自分の姿を発見できるでしょう。かたく心に信じていることを、決して曲げなければ、思わぬところから援助の手が差しのべられる運もあります。

私ごとではなく、広く社会的な問題に向けて示される大胆な行動には、つねに運命の女神がほほえみかけるでしょう。その結果、多くの人の信頼を得ることにもなります。リーダーとしての素質も十分ですが、とかく一人よがりなスタンドプレーに走りがちなところもみられます。決断の時と目的に、注意深く心を配ることがあなたには必要です。

著名人では、前都知事の美濃部亮吉さん、映画監督の木下恵介さん、俳優の草刈正雄さんなど。

風水渙《ふうすいかん》　外向的で活発なつきあい上手

渙とは、氷がぽっかりと割れ裂ける音を表わします。解き放つ、散るという意味。また、邪魔するもののない水面を、風がまっすぐに渡っていく。とどまる先を知らないかのように。それがこの卦のイメージです。

外向的で活発な性格のあなたは、ひとときも休むことを知りません。興味の対象も非常に広く、あらゆる分野の人と上手につき合うことができます。また、内気な友だちや仲間の気持を、いっぺんに引き立ててしまうほどの力も持っています。

しかし、一か所にじっとしていられないので、いつも新しさを求めてやみません。集合離散から逃れることは不可能に近いでしょう。それに伴う重大な問題が起こったときには、相談相手を選ぶことです。かなり有力な援助を期待できます。自分ひとりの力で解決をはかろうとしても、エスカレートするばかりです。他人に対して思いやりの気持をいだき、ときには一歩ゆずるような態度を示す必要があります。とかく自分の才能を頼みにしがちですが、人間一人の能力などたかがしれたものともいえるでしょう。他人との交わりのなかから、一つでも多くのことを学び取ろうという姿勢を身につけたとき、あなたの才能はさらに磨かれたものになります。

元東大学長の茅誠司さん、女優の檀ふみさんなどが、風水渙生まれです。

風山漸《ふうさんぜん》　一歩ずつ階段を上る着実な人柄

漸とは、少しずつ進むという意味です。また、山肌をぬうようにして、上へ上へとのぼっていく風の流れを思いえがくとよいでしょう。それがこの卦のもつイメージです。

千里の道も一歩から、という言葉がありますが、一歩一歩を着実に進みながら、しかも千里先の目的地に到達したときの準備も、つねになおざりにしないのが、あなたです。

勉強でも仕事でも、ていねいに順を追って片づけなければ気がすみません。グズ、ノロマ。口さがないまわりの人のささやきが、いまにも聞こえてくるようです。しかし、あなたの、一見非能率的に見える行為も、いつのまにか人並以上の優れた成果をあげることになります。山肌をなめるように、ゆっくり上っていく風が、ついに頂上に達するように。

潔癖で誠実な点は大いに評価され、信頼を寄せられるかもしれませんが、その反面、ほんとうの友人はできにくく、相手に利用される傾向が強いともいえるでしょう。

水清くして魚すまず、という言葉もあります。無理をして泥にまみれる必要はありませんが、自分とは異なった人が多いことも十分に自覚して、相手のだらしなさを許せるような大きい心を持つことです。急激な変化にはなじめませんが、時勢に遅れをとっては何事も成功しません。

著名人では、将棋の大山康晴十五世名人、作家の佐藤愛子さん、女優の安奈淳さんなど。

風地観《ふうちかん》　鋭い観察眼で他人にけむたがられる

観とは、周囲をぐるりと見まわす意味です。くまなく地上を吹き渡る風。小さな路地裏さえのぞきこむ風。すきまから忍び入る風。それがこの卦のイメージです。

風地観生まれの人は、物事の奥底まで見通す眼を持っています。主観や感情に左右されることなく、流れゆくさまざまな人や出来事を、冷静に見つめることのできる理性をそなえています。

観察力の鋭さと洞察力の深さに裏づけられた言動が、大きな自信につながっているのです。まわりの人から何かと相談を持ちかけられることが多いのは、冷静な判断が人々の信頼を得ているからでしょう。ただし、過ぎたるは及ばざるがごとし。あまりにも優れた眼が、ときには厄介な障害となる場合もあります。見え過ぎてしまうので、ふつうならば見過ごしてしまう他人の欠点や弱点が気になり、つい言わずもがなの注意を与えたりします。これが人からけむたがられる原因ともいえるでしょう。尊敬はされるが、近寄りがたい印象を持たれてしまうのです。

また他人が何と言おうと、実際に自分で確かめるまでは、決して信用しない傾向があるので、人間同士の暖かなふれ合いからは遠ざかってしまいます。他人のことばにも耳をかす余裕をもつことが必要です。

著名人では、歴史学者の会田雄次さん、俳優の篠田三郎さん、参議院議員の中山千夏さんなど。

坎《かん》為《い》水《すい》　困難をかいくぐるたびに成長するタイプ

坎とは落とし穴、あるいは行き悩むことを意味します。また、水による災害の最たるものは洪水。せきを切って押し寄せる濁流を思いおこすと、この卦のイメージが浮かびます。

あなたは、生涯に何度も、きびしい困難に出会います。死ぬか生きるかの瀬戸際で、どうしたらよいか分からなくなるときもあるでしょう。昔の人は、前門の虎、後門の狼、と表現しました。他人から見ると、なんときびしい人生を送っているのだろうということになります。

しかし洪水の濁流も、時間とともに水嵩を低くし、やがては引いてしまうものです。洪水に対するあなたの防御の知恵も、それを体験するたびごとに巧みになっていくでしょう。

これと全く同じように、一つの困難をかいくぐるたびに、人間的な成長をみせるのが、坎為水生まれの特徴です。少々のことでは決して動じない忍耐強さと、どのような状況でも必ず抜け出してみせるという激しい闘志が、次第に養われていくのです。

さまざまな体験を通して、自分の信念をこしらえるのですから、それは他にかけがえのないものとなります。しかし、ことばであまり言いふらさないことです。

バレーボールの松平康隆さん、経済界の岩佐凱実さん、デザイナーの三宅一生さんなどが、この坎為水生まれです。

水天需《すいてんじゅ》　いつまでもチャンスを待つ忍耐の人

需は、雨にぬれる、と同時に、必要なものを求めて待つことをも意味します。長いあいだ雨が降らない。すでにダムの水は残り少ない。給水制限がきびしくなる。はやく雨がきてほしい。それがこの卦のイメージです。

あなたは、チャンスを待つことにすばらしい忍耐力を示します。逆境にあっても決して望みを失わず、周囲の状況を慎重に分析しながら、来たるべき時にそなえるタイプの性格です。

あなたは、腰が重い、という非難を受けがちですが、いま何が求められているかを理解しているのですから、少々の批判は受け流してかまいません。無理をしてにわか雨の中へとかけだしていかない賢明さもそなわっています。かさをさしかけてくれる人がいることを、まもなく雨がやむことを、心得ているからです。どんなむずかしい状態でも、たいていのことはどうにかなる、と信じている楽天的な人柄が、まわりの人の慰めになると同時に、いらだちにもなります。

決心する時期をのがさないことが、あなたの人生にとって一番重要です。この時期を見のがさなければ、大きな成果を期待できます。ぼんやりと待つのではなく、いかに待つかを、日ごろから心にとめる必要があります。

著名人では、女優の杉村春子さん、作曲家の浜口庫之助さん、落語家の桂米丸師匠など。

水澤節《すいたくせつ》　分をわきまえた節度の人

節とは断ち切ること。ものの境界、けじめを意味します。水が浅くたまっているところ、草木のはえている湿地を、もとは沢といいました。はげしい流れもなければ、あふれでて災いをおよぼすこともない。水はいつも、ほどほどにやすらいでいる。それがこの卦のイメージです。

自分ではかなり好き勝手にふるまっていると思いがちですが、はたから見ると決してそうではないのが、水澤節生まれの特徴です。できること、できないことを、生まれながらにして身につけています。

ほどよくたまった水が、沢辺の草をしげらせるように、人々はあなたの人柄を少しずつ受け入れていきます。勢いよく前をはしっている友だちや同僚に、負い目を感じる必要はまったくありません。まわりの状況に動かされることなく、もって生まれた性質のままに生きていけば、思いがけないときに、すばらしい成果がおとずれるでしょう。それがまた、あなたをもう一つ飛躍させるスプリングボードともなるのです。

よくも悪くも、きちっとしたけじめをつけつつすべてが展開するので、それぞれの結末を十分に反省することがたいせつです。年輪が一つ一つ輪を広げていくように。

著名人では、歌手の桜田淳子さん、石川さゆりさん、司会の大橋巨泉さんなど。

水火既済《すいかきさい》　努力を怠らない自信家

既とは、ものを十分に食べ終ったことを、済とは澄んだ水、さらには川を渡ることを意味します。

きょうはよく釣れた。河原で火をたき、串焼きにした川魚をたくさん食べた。もうおなかはいっぱい。さて、たき火に水をかける用意でもしようか。それがこの卦のイメージです。どのような小さな出来事にも、必ず終りがあります。しかしその終りはまた、はじまりでもある。満月が新月への第一歩であるように。

ある目的をいだいて前進するとき、あなたはつねに、過不足のない成果を得るでしょう。しかしそれがうまくいったとき、早くも変化・曲折のきざしが表われます。一応の目的を達したあと、つぎにどのような行動にうつるか、それがあなたの運命を決するカギとなっています。

ときおり波瀾があっても、全体としては成功への道を歩んでいるとの自信から、進み過ぎて深みに落ちこむこともあります。油断はきんもつです。このようなときこそ、もちまえの冷静さをとりもどして、周囲の状況をきちんと分析する必要があります。当面の成果に満足せず、さらに前方の目標に向かって、ねらいを定めるようにするとよいでしょう。

政治家の河本敏夫さん、作家の大藪春彦さん、赤江瀑さんなどが、水火既済生まれです。

水雷屯《すいらいちゅん》 エネルギッシュだが迷いの多い人間

屯とは、草の芽が大地を割って萌え出ようとする様子を表わしています。空には雲が広がり、あたりは薄暗くなってきた。ときおり走る稲光り。かみなりの音が遠く近くひびきわたる。いまにもはげしい雨がやってきそうな気配。それがこの卦のイメージです。

土を押しあげて、いまにも芽をだそうとするたくましいエネルギーが、あなたにはそなわっています。しかし、このまま進むべきか、とどまるべきか。迷いがないわけではありません。決心を迫られるのはいつも、まっくらなヤミのなか。重要な事態は、そういうかたちでのみおとずれてくる運命にあります。

盛んなバイタリティーを頼りにして、やみくもに走りはじめる傾向もみられますが、あなたの才能はチャンスを得なければ、またたくまに枯れてしまうものです。覚悟を決めて、ゆったりと待つこともまた、将来へのステップと考える余裕をもってください。

大地を割る力強さとくらやみのなかでの迷い。この二つのバランスをいかに保ち、活用させていくかが、水雷屯生まれの人のキーポイントです。また、友人や同僚の質によっても、あなたの人生は変化しやすいので、なるべく多くの人と交わり、人間を見る目をやしなうことです。

著名人では、映画監督の新藤兼人さん、俳優の水谷豊さん、タレントの大場久美子さんなど。

水風井《すいふうせい》　湧き出る泉のように豊かな才能の持ち主

井とは井戸のわくを表わしています。また、風の上に水がのぼるとは、高い樹木の先端にまで地中の水分が行きわたるという意味です。

泉のまわりには村ができ、入れ替わり立ち替わり、みなが水を求めてやってくる。湧き水が枯れはてないかぎり、泉のふちはいつも華やか。それがこの卦のイメージです。

生まれながらにしてあなたは、時代が要求しているものを、その身にそなえています。ことあるごとに集まってくる友人や同僚にかこまれて、にぎやかな毎日を送ることになるでしょう。サービス精神旺盛な人柄ゆえ、だれかれの差別なく受け入れてしまいます。しかしそのなかには、あなたの才能をひとり占めして、自分にだけ役立たせようとする手前勝手な人がいることも忘れないでください。えこひいきは身の破滅につながります。

汲めどもつきないアイディアは、周囲に集う人たちの話に耳をかすことによって生まれます。聞きじょうずになること。それがまた、あなたの才能をいっそう輝かしいものにするでしょう。

大きな恩恵を受けているにもかかわらず、普段人から軽く扱われる傾向があります。自分の大きさに気づいてくれないといって嘆く必要はありません。理解されるのは時の問題ですから。

著名人では、漫画家の東海林さだおさん、タレントのタモリ、女優の中田喜子さんなど。

水雷屯の人は盛んな
バイタリティにあふれて
いる。

水風井生まれはサービス精神
旺盛で友人が多い。

水山蹇《すいざんけん》　奥ゆかしく穏やかな楽観派

蹇とは足がまがっている、足なえの意味から、行き悩むことを表わします。

処女峰の頂上をめざしてやっと一つの尾根をぬけたと思ったら、いま眼前に立ちはだかるのは、激しく流れおちる水とけわしい岩壁。進退きわまったのか。それがこの卦のイメージです。

あなたの人生は、ある一点にいたるまで、非常に順調に進みます。乗り越えられる程度の困難にしか会わないので、努力しさえすれば、なにごとにも打ち勝てるという、楽観的な信念をもつようになります。前進あるのみ。うしろをふりかえることなどは、ほとんど考えもしません。

ところがある日、決定的な事態に見舞われます。いままでの体験からは想像もつかないほどきびしいものです。あなたの真価がほんとうに問われるのは、まさにこのときです。周囲におどらされた姿ではなく、本来の心やさしい、控え目な人柄が表われはじめます。友人や同僚も、以前とはちがった態度で近づいてくるようになるでしょう。このときに出会った人こそ、生涯の同行者といえるのです。思ってもみなかった別の世界が、そこに立ち現われてきます。

平素から、前進しようとする気持をややおさえ気味に保つよう心がけることです。

歌舞伎の中村勘九郎さん、評論家の桐島洋子さん、女優の八千草薫さんなどが、水山蹇生まれです。

水地比《すいちひ》　他人を安心させる親しみやすい性格

比とは、二人の人間が並んでいる様子を表わしています。草木が盛んにおい茂り、生き生きとした緑の広がりがつづいつもほどよい水分を含んだ大地。それがこの卦のイメージです。

水地比生まれの人は、きわめて親しみやすい性格の持ち主で、決して争いを好まず、相手の美点をたくみにとらえる手腕はばつぐんです。無意識に見せる仕草のうちにも、他人を安心させる雰囲気がにじんでいるので、だれもが抵抗なくあなたに近づいてきます。おそらくはた目には、なんの悩みもない、すがすがしい人に見えるからなのでしょう。

しかし、争いを嫌い、和を好む性質は、他人の無神経な言動にたいして敏感に反応する面をもそなえています。それがただ、あからさまに表われないだけなのです。深くからだのなかに広がっていくストレスは、たとえば、スポーツや創造のさいの起爆剤にもなります。それをいかにうまく使うかで、あなたの人生はすばらしいものにも、つまらないものにもなるでしょう。

あなたの場合、自分ひとりで取り組める趣味を必ずもつことがたいせつです。それはきっと、しろうとばなれした驚くほどの成果となって表われるでしょう。

著名人では、奈良・薬師寺の高田好胤管長、作家の五木寛之さん、歌手の都はるみさんなど。

艮為山《ごんいさん》　プライドの高い孤高の人

艮は、泰然として動かない山を意味します。艮為山の人は沈思黙考型が多く、自分本来の立場を守って、軽はずみな野心を抱きません。

男女ともに、地味だがどっしりと安定した人柄です。またプライドが高く、他人からあなどられることを何より嫌うので、自尊心を守るための努力も怠りません。

黙って坐っていてもどこか頼りになる人という印象を与えるので、あなたが男性ならば、職場で一目置かれる存在でしょう。女性は、女同士のおしゃべりにもあまり加わらず、そのため周囲から、お高くとまっていると敬遠されることもあります。

ただし、この生まれの人には、全く逆の性格が表われることもあるようです。たとえば、非常に外向的でにぎやかな人や、依頼心の強い甘えん坊がいたりします。思うにこれも、自分への執着心の強さ（つまりプライドの高さ）からきているといえそうです。

いずれにせよ、艮為山生まれの人は、孤高を守って生きるように運命づけられているようです。何でも打ち明けて相談できる親友や協力者を得にくいので、依頼心は捨て、地味な努力で現在の地位、境遇を守っていかねばなりません。

作家の戸川昌子さん、女優の坂口良子さんなどが艮為山生まれです。

山天大畜《さんてんたいちく》　類まれな粘着力のある情熱家

　これと思い定めたら、どん欲に、一途に、欲するものを追い求めていく人です。その対象は地位や名誉であったり、金銭だったり、恋であったりいろいろでしょうが、手に入れるまでは決して諦めない、強い執着力を持っています。

　ですからあなたは、どの分野でも一流か、それ近くにはなれる人でしょう。もともと山天大畜とは、豊作を意味する卦ですから、ツボにはまれば能力以上の成果を上げることができるのです。実際にこの生まれの人には、高い地位を得たり、巨万の富を築く人がいます。

　たぐい稀なあなたの粘着力と情熱がプラスに働けば、成功者、あるいは恋の勝利者として人の羨望を集める身分となります。その反面、猪武者とか我利我利亡者と陰口をきかれることもあるでしょう。マイナスに作用すれば、偏執狂とさげすまれ、あまりのしつこさに恋人に逃げられる破目にも陥ります。大畜の本来の意味は、王者が人材を養うこと。また、将来にそなえて実力を蓄えることをいいます。大成したいと願うなら、若いうちに人格をみがき、知識、人材、資金、健康を十分に蓄えることが大切です。

　八十歳を過ぎてなお、政治の浄化をひたすら訴え続ける市川房枝さん、ほかに、タレントの萩本欽一さん、俳優の伊丹十三さんらがおり、皇太子殿下もこの卦の生まれです。

山澤損《さんたくそん》「損して得とれ」の典型的タイプ

「損」を承知で引き受ける。大目的のためならと、自分をなだめて人に同調する。つまりあなたは、心根のやさしい人なのです。人に仕え、心から献身していくタイプ。路傍に咲いた野菊のように、ひそやかで清潔なあなたは、まわりの人々に清々しい印象を与えているでしょう。

生活振りにも派手さはなく、堅実そのものに見えますが、時に思い切って、高価なものを買ってしまうこともあります。しかしいわゆる衝動買いではなく、将来きっと役に立つとふんだら、少々家計を切りつめても良いものを買うといった態度です。

この「損して得とれ」の考え方は、人づき合いのなかにも顔を出すでしょう。柔和で温かないつものあなたに似合わず、時にはズバリとものを言ってしまう。たとえ一時的にまずい関係になっても、長い目でみてお互いのためになると信じれば、はっきり言わなければ気がすまない。また、そうしたあなたのやり方は結局人にも理解され、ますます信頼されていくことになります。

その反面、自分は人のために生きているのだと、ヒロイックな感慨にひたる癖もあり、それが言動にも顔を出すことがあるようです。人は、あなたの控え目な態度に好感を持っていることをお忘れなく。

著名人では、女優の十朱幸代さん、歌手の細川たかしさん、作家の灰谷健次郎さんなど。

山火賁《さんかひ》　やわらかな感性に恵まれた個性的な人

この卦は、夕陽が山の端にかかり、その夕映えが山野を彩っているさまを表わします。それはまた、没落前の美しさといってもいいでしょう。

山火賁生まれの人は、やわらかな感性と、鋭い観察眼を持った詩人です。勇壮華麗なものよりも、どこか崩れた感じの、いわば退廃的な美しさに、あなたはひかれます。友人にも、健康的で活発な人は選ばない。どこか翳があったり、ニヒルな、ひと癖あるといわれるような人と気が合うはずです。

あなたに対する周囲の評価は、はっきり二つに分かれます。ある人は、ナイーブで純な人間と見るでしょうし、別の人は、ひねくれ者のスタイリストと思うでしょう。純なものを持ちながらも、生活態度や言動に、あまのじゃくなところを出してしまうので、生真面目な人からは毛嫌いされる傾向もあるでしょう。

とても個性的な人ですが、その個性が周囲との協調をはばんでいる面も多分に見られます。まわりの人が愚かにみえたり、自分とは肌の合わない人間だと感じることがあっても、一歩下がってじっくりつき合ってみる根気が必要です。

著名人では、作家の大江健三郎さん、タレントの樹木希林さん、評論家の無着成恭さんなど。

山雷頤《さんらいい》　慎み深さが災いしたうじうじタイプ

山の下に雷がひそんでいる象《かたち》がこの卦です。腹にいちもつあるが、表面は何事もなく穏やかといったところでしょうか。

山雷頤生まれの人は、表向きは遠慮深く、慎みをわきまえています。裏方にまわって地味な仕事を引き受けるタイプで、当然ひとから当てにされ、重宝がられます。また、人あたりもよいので、円満な人間関係を保てる人でもあります。ただ、誰でも受け入れてしまうので、友人は多い割に、親密な間柄になる人は少ないでしょう。

あなたには、どうにも煮え切らないところがあります。態度をはっきりと決めることが苦手で、いつまでもうじうじと悩んでしまいます。ここぞというときには、イエス、ノーをはっきりさせる勇気を持ちたいものです。いつも奥歯にもののはさまった言い方をしていると、腹黒く信用のおけない人間だと思われかねません。仕事の面では、かなり器用に何でもこなしていく能力を持っていますが、器用貧乏というか、人並すぐれた分野を持つことは少ないようです。

なお、頤とは〝あご〟のことで、あごは口を動かすところですから、この生まれの人はことばと飲食に注意が必要です。

著名人では、音楽家の高木東六さん、野球評論家の別当薫さん、歌手の高田みずえさんなど。

山風蠱《さんぷうこ》　女性は妖婉にして華麗、男性は軟弱型

若い男が、年増の女性に惑わされているのが、この卦の象《かたち》です。山風蠱生まれの男と女の性格の違いは、誘う者と誘われる者の立場の差だといったら、言い過ぎでしょうか。

この卦の女性は、大人のお色気を持った人です。しっとり落ち着いた雰囲気で、黙って坐っていても、どこか気になる人でしょう。社交界の名花となってもてはやされる素質十分で、女性としては、きわめて幸福なものを持ち合わせているといえます。

妖婉といってもよい。しかし、蠱は皿の上の食物を虫が喰い荒らしているさまで、らん熟のあとの腐敗を意味します。行き過ぎはまことに危険。じっと家庭におさまっているのが無難かもしれません。ただし、山風蠱の女性にはもう一つのタイプがあります。同じお色気でもさっぱりと清潔な、あるいは開放的な明るい感じの女性です。

一方、男性は少なからず軟弱さが目立つ人が多いようです。なかなかおしゃれで、弁舌さわやかな人が多いのですが、どこかしら女々しく、他人に甘えてしまうところがあります。本来は純粋で気のいい人ですが、物事をきびしく見つめる眼に恵まれておらず、ついつい他人にも、自分と同じナイーブさを求めてしまうのです。

著名人では、タレントの落合恵子さん、俳優の国広富之さん、藤山寛美さんなど。

山水蒙《さんすいもう》　魅力的な雰囲気の、目立つ人

華やかというか、あでやかというか、山水蒙の人は何ごとにつけ、目立つ存在です。ことに潤いのあるきれいな瞳は、異性にはもちろん同性にも、一種神秘的な印象さえ与えるでしょう。

容貌だけでなくあなたは、人を魅了するすてきな雰囲気を持った人です。だからあなたが一人加わるだけで座が明るくなり、生き生きとした空気が生まれてきます。

知的能力に加え、行動力にも恵まれているので、職業を持って立派に自立していける人でもあります。好奇心が強いので、幅広い教養も身についているでしょう。

蒙は、ひらく、啓蒙の意味ですから、もともと人に与えるものをたくさん持っている人ともいえます。その特性を活かすためには、家庭におさまっているより外に出て、社会的な活動をする方がよいのです。

いかにも恵まれた資質を持ったあなたですが、ひとつだけ注意すべきことがあります。能力があり、自信もある人には、思いやりが不足しがちです。無意識に人を傷つけ、思わぬうらみを買わないとも限りません。つねに自分の立場を振り返って、周囲を配慮する気持を持ちましょう。

山水蒙生まれの著名人には、女優の新珠三千代さんや竹下景子さん、評論家の俵萠子さん、男性では作曲家の宇崎竜童さん、評論家の竹村健一さんなどがいます。

山地剝《さんちはく》　岩をはぎ落とすビッグパワーの持ち主

剝とは削り落とすこと。山を崩して平地にするのがこの卦の意味です。

山地剝生まれの人は文字通り、岩をはぎ、大山を切り崩すほどのパワーに溢れた人です。

ことに、権威に立ち向かう反抗心は強く、身を賭して世直しを行なおうというほどの革命家的精神を持ち合わせています。女性ならば、家に縛られることを嫌い、夫に仕えるだけの妻であることを決して望みません。実際、この生まれの人には、職業と家庭を両立させる力に恵まれた人が多く、いわゆるキャリアウーマン型。しかも並みのキャリアウーマンではなく、仕事の上では男性に伍して、堂々たる業績を残し得るタイプです。

勝気な性格ですが、その分、小さなところまで気を配る細やかさに欠けるうらみがあるでしょう。そしてこれは、女性にとっては大いに反省すべきことといえるかもしれません。

いかに仕事ができ、家庭を立派に守ることができても、女性としてのやさしさや細やかさを忘れてしまっては、本当の幸福はつかみにくいものです。男性と張り合って生きるだけでなく、ときには胸のなかで、男性を十分に甘えさせてあげるくらいの気持を持ちましょう。

山地剝生まれには、作家の平岩弓枝さん、バレリーナーの森下洋子さん、映画監督の大島渚さん、経済界の永野重雄さんなどがいます。

坤為地《こんいち》 豊かな包容力を持った母性の権化

坤の卦は、大地の象徴です。大地は自ら動くことはないが、豊かな力を蓄えて万物を育みます。坤はまた、男性的な乾に対して、女性的なものを表わしています。

坤為地生まれの人は、豊かな包容力を持った、母性の権化のような人です。穏やかに暖かく人を包み込み、自分を押し殺しても他人の要求に耳を傾けます。こまごまと世話を焼き、独特の滋味のこもったことばで相手の不安や心配をやわらげてあげる人です。男性でも、母親的な要素を十分に持っている人が多く、職場では人のいやがる仕事を黙って引き受けたり、家庭では台所にも立つなど、主婦的な雑事をすることに抵抗を持たない人が多いでしょう。

そのために軟弱で、消極的な人間とみられることもありますが、実際は違います。消極性を守ることによって積極性をしのいでいるのです。柔よく剛を制する典型的なタイプといえるでしょう。

大体が、自分をPRしたり、頑固に自己主張したりすることを嫌う人ですが、いつも受身のままでいると欲求不満がつのってきます。時にはわがままをいって、あなたの方から甘えてみせる演技も必要でしょう。女性のそんなところを、可愛いと思う男性も多いのですから。

著名人では、女優の淡島千景さん、作曲家の山本直純さん、政治家の竹下登さんなど。

地天泰《ちてんたい》　周囲の人間関係をうるおす潤滑油人間

泰とは、上下の和合を意味します。地天泰は、天と地の和合です。人間社会でいえば、上司と下僚、夫と妻、親と子、強者と弱者、あるいは友人同士が一体となり、仲良くやっていくことをいいます。

あなたは、周囲の人間関係をうるおす潤滑油です。人づき合いの達人であり、調停役の最適任者でもあるでしょう。男性なら町内会の幹事さん、女性ならＰＴＡやサークルの世話役といった役柄がピッタリの人です。

やわらかな態度、物腰に加え、暖かみのある心づかいがあなたの持ち味です。また、下町の娘さん風な、気さくな庶民性も持ち合わせています。親切だし、面倒見も抜群によいでしょう。その反面、他人のことにかまけるあまり、自分自身がおろそかになってしまう傾向もあります。また、外に対して神経を使いすぎ、くたくたに疲れてしまうとか、外ヅラはよいが内ヅラが…といった面もあるでしょう。

しかし、いずれにせよあなたは、どこに行ってもこうした役回りから逃れることはできず、また自分も、一人孤独には生きられないタイプの人です。

著名人では、俳優の菅原文太さん、作家の渡辺淳一さん、演劇の浅利慶太さんなど。

地《ち》澤臨《たくりん》　金も口も出すうるさ型

臨は、上の者が下の者を支配、保護することをいいます。

地澤臨の人は、スポンサーのタイプです。しかも、金も口も出すという、実力型、うるさ型のスポンサーでしょう。これと見込んだ人にはとことん援助を惜しまないが、その人の行動にもしっかりと目を配り、気づいた点はびしびしと注意します。

あなたが女性ならば、賢夫人と呼ばれる素質十分。家計を上手に切り盛りし、夫を叱咤激励して出世させるタイプです。とはいえ、賢さの度が過ぎて、狂育ママになりかねないところも持っています。わが子の欠点ばかりが目について、それを責めたててしまう。自分自身が能力もあり、努力家でもあるので、子どもにも多くの期待をかけすぎてしまうのです。

男性では一言居士の人が多く、有能で勤勉ではあるけれど、他人の仕事振りにまで口をさしはさみ、会議や仲間うちの集まりでも、ついつい言わずもがなのことを口に出してしまいます。

他人と自分の境界線をわきまえること。たとえ親子の間柄でも、個性を尊重して、できるだけ自主性にまかせておく態度が、あなたには必要です。

地澤臨生まれには、デザイナーの森英恵さん、建築家の黒川紀章さん、巨人軍オーナーの正力亨さんなどがいます。

地火明夷《ちかめいい》　聡明さと、バランスのとれた知性派

非常に頭のよい人です。たんに知能が秀れているだけでなく、聡明さと、バランスのとれた知性を持つ人が多いでしょう。また、明夷とは、暗い穴のなかから明るい外界を見る象（かたち）なので、自分は目立たないところにいて、クールにまわりを観察するタイプでもあります。心眼を持つといえば、ほめ過ぎかもしれませんが、状況の推移や他人の心の動きを読むことにかけて、あなたの右に出る人はそういないでしょう。

何でもよく見えるため、冒険することは滅多にない。恋だ、愛だと、自分から熱くなることもあまりなく、去る人を追うことは皆無です。生来の傍観者ですから、恋人としてはあまり面白味のない人です。

しかし、仕事はよくでき、間違いがないので、男女ともに出世は早いでしょう。ただし、企業のトップに立って指揮するタイプではなく、参謀役か相談役が適任です。

あなたにとって必要なのは、感情を素直に出すことです。そして相手の肌に触れてみること。進んで人を求めなければ、本当の人間的なつき合いはできません。ときにはハメをはずして、気の向くままに行動してみてはいかがでしょうか。

著名人では、自民党の宮沢喜一さん、作家の水上勉さん、女優の池上季実子さんなど。

地雷復《ちらいふく》　万能選手だがフライングもおかしがち

地雷復生まれの人は、スポーツでいえば十種競技の選手です。短距離から砲丸投げまで、何をやらせてもそこそこにこなす万能選手型で、順応力と器用さは人並以上でしょう。

仕事もテキパキと素早く、一つが片付かないうちに次の準備に手をつけているといった具合です。女性ならば、マスコミ向きの行動派キャリアウーマンだし、山のような家事を短時間でさばく、有能な主婦でもあるでしょう。また、適応能力が優れているので、新しい環境にすぐなじみ、友人ができるのも早い。交際範囲も広いはずです。

その反面、考えなしに動いて失敗することも多い人です。走り出しては反省し、また走り出して…を繰り返すタイプ。フライングばかり犯しているランナーに似ています。だから、行動力はあるけれど、なかなかゴールにたどりつかない傾向もある。競馬なら、実力のある未勝利馬といったところ。

とはいえ、地雷復の復は、復活、復縁、仲直りを意味し、一陽来復の復でもあります。何度失敗してもそのつど立ち上がることのできるバイタリティーと、ツキがあなたの取り柄です。

デザイナーのやまもと寛斎さん、名横綱で鳴らしたかつての若乃花の二子山親方、女優の桃井かおりさんなどが、地雷復生まれです。

地風升《ちふうしょう》　陰と陽の両面持った享楽主義者

升とは、昇っていくことで、地下の種が芽吹くかたちです。春到来、これから楽しくなるといったところ。

あなたは、みんなで集まってワイワイ騒ぐのが大好きな人です。小さなことにくよくよしたり、悩んだりせず、明日は明日の風が吹くと陽気に生きていける人。ちょっと、刹那的な享楽主義者にみえることもあるが、そこがまた魅力かもしれません。

自分なりの理想やプライドも持っていますが、それにも増して豊かな包容力をそなえており、少々のことでは怒ったり動揺したりすることはありません。

一面、あなたは旅をこよなく愛するロマンチストでもあります。ふらりと一人旅に出かけては、山奥の温泉につかりながら、あるいは遠く水平線の見える浜辺にたたずみながら、来し方行く末に思いを馳せることもあるでしょう。このような、陰と陽の両面を持つのも地風升の特徴です。

またあなたは、新しもの好きで、ニューファッションには一番に飛びつきます。なぜか緑色を好むのも、ロマンチストの証拠でしょうか。

ちょっとお天気屋さんで、気まぐれなところも目につきます。

著名人では、相撲の北の湖関、作曲家の平尾昌晃さん、作家のなだいなださんなど。

地水師《ちすいし》　いつも高みに登りたがる勝気な人

師は、軍団や集団の指導者を意味します。

あなたは人の上に立って、ぐいぐい引っ張っていく人です。経営者やグループのリーダーによく見られるタイプで、何かにつけてリーダーシップを取りたがり、またそれだけの能力も意志の強さも持っています。女性ならばＰＴＡの会長をつとめたり、消費者運動の指導者になれるでしょう。

そんな性格ですから、身近の親しい人と接していても、常に相手より上に立とうとしがちです。負けず嫌い。人に命令されることを何よりもいやがり、またそれを隠そうとしません。

あなたに望まれることは、リーダーとなるにふさわしい度量の広さと、他人の立場をおもんばかるやさしさを持つことです。冷静で意志強固ですが、若干冷淡なところがあり、それが玉にキズといえます。生来の指導力に思いやりが加われば、鬼に金棒です。

地水師生まれの女性は、男性を魅きつける独特の魅力を持っています。冷ややかな態度さえみせなければ、ひき寄せられる男性は大勢いるでしょう。お愛想笑いも女のつとめだと考えるような、一歩譲った気持がほしいものです。

著名人では、俳優の田村亮さん、ヨットマンの堀江謙一さん、経営者の日向方斉さんなど。

地山謙《ちざんけん》　才能あるが謙虚すぎて損をする

高い山が低い地の下にいる。これが地山謙の卦象《けしょう》（卦のかたち）です。有能な人が、能力を隠して他人にへり下るさまで、謙は、謙遜、謙虚を表わします。

あなたの特徴は、何よりも対人関係によく表われています。常にへり下り、一歩も二歩も退いて相手を立てることに心をくだくでしょう。だから、職場でも家の近所でも評判がよく、若いのによくできた人だといわれます。

しかし、本来のあなたは、喜怒哀楽の激しい、少女的な感性の持ち主です。いつも自分を殺し、下手に出ているうちに気持がうっ屈し、感情が爆発することもあるはずです。その時あなたは、普段とは打ってかわって恐ろしい形相に変ります。

謙はまた、公平均分を表わすので、地山謙生まれの人には博愛主義者が多く見られます。世の中の不平等や不正に対して、本気で憤るのも、この生まれの特徴です。そうした性癖がエスカレートして、子どもじみた嫉妬や、ヒステリックな誹謗に変ることもあるでしょう。

また別な一面として、たえず事件だ事件だと騒ぎ回るオオカミ少年型や、何でもないことを事件にしてしまう人さわがせな人もいます。

著名人では、女優の佐久間良子さん、俳優の高倉健さん、政治家の佐々木良作さんなど。

2 あなたはどんな人生を送るか〈運勢〉

この章を読むまえに

さて、前の章では、あなたの性格を陰と陽、裏と表から見てきました。梅花心易の理のきめ細かさに驚かれたことでしょう。本章の後に金運、愛情運、健康運と続きますが、梅花心易の教えるさまざまな運勢の姿は、他の占いとはあきらかに異なる理詰めの占法なのです。

ここでは、いよいよあなたの人生全般の運勢の盛衰についてふれてみたいと思います。とはいっても、自分の人生を切り開くのは、ほかでもないあなた自身の努力なのです。果報は寝て待て、といった消極的な態度では、いつまでたっても逆境を強いられ、自分を盛運にもっていくことはできません。

暗中模索を続けながら、ある日ふっと幸運の扉に手がかかる。その幸運の扉も自分の手で押し広げようとする力強い努力なしには、閉じられたままなのです。

さて、幸運の扉は、いつ、どこであなたの眼の前に現われるのか。そして、その扉をどのようにして利用すればよいのか。だれしもがその点にこそ強い関心を持っているはずです。そこで本章では、易の示す人生運の形についてお知らせすることにしました。

禍福はあざなえる縄のごとし、という俚諺がありますが、ここではその縄のフシ目フシ目が、あなたの人生に及ぼす影を考えてみたのです。フシ目に出会って、それをきつく縛るのもよし、またそれをほどくもよし、判断はすべてあなたにゆだねられています。長い航海にもたとえられる人生航路で、本章がその海図の役割を果たすことができれば幸いです。

★乾為天生まれ

人並外れた健康とシャープな頭脳に恵まれたあなたは、諸事万般に渡ってすぐれた能力を発揮し、たくましく運勢を切り開いていきます。したがって、人どんな職業につこうと、持てる力を十分に出し切って輝かしい業績を残す人。人の上に立つリーダーと崇められ、金も地位も名誉も手に入れます。女性も、家庭婦人にとどまらず、いわゆるキャリアウーマンとして成功をおさめます。

初心を忘れず、謙虚にものごとにあたれば、順風満帆、あなたの人生にこわいものなど何もありません。

★天澤履生まれ

百の議論より一つの実行を重んじるあなたには、実務家としての輝かしい未来が待っています。必ずしも、平坦な道ではないが、あなたの精神力と実行力を以てすれば、何も恐れることはありません。

とくに生産の現場に携わり、仕事に自信と誇りをもって進むならば、生来の強運にさらに磨きがかかり、若くして一家をなすことができるでしょう。ただ、成功に溺れて自信過剰に陥り、ワンマンぶりを発揮してしまうようになると、にわかに人心はあなたのもとを離れ、孤独で潤いのない晩年を迎えることになるでしょう。

★天火同人生まれ

あなたは、いつの場合もライバルと共に歩くべく運命づけられた人です。学問、恋愛、仕事、いずれの面でも、あなたの前には数多くの好敵手が立ち現われます。

あなたの人生は、そのライバルの人間的大小によって大きく左右されます。精進を怠らず、いつも前向きの姿勢を保っているライバルならば、あなたもそれにつられて苦しいながら実りのある生活を営むようになるし、逆に足を引っ張ることしか考えない卑小なライバルであれば、なぜかあなたも上っ面だけの底の浅い日々をおくってしまいがちです。なによりも、あなたは真のライバルは誰であるかを見抜く眼をもつべきでしょう。

★天雷无妄生まれ

なりゆきまかせの人生。一見ちゃらんぽらんに映る生き方ですが、案外運勢の流れに沿った上手な暮らしぶりといえます。

ツボにはまれば、地位も名誉も金も労せずして手に入れることができますが、ダメとなると何をやっても空振りばかり。もし、堅実で安定した生活を望むのならば、運の流れに漂うばかりではなく、自らの手で幸運をつかむように努力すべきでしょう。

また、人との出会いを大切にすること。ことに頑張り屋のパートナーをもてば、あなたの柔軟な姿勢がより活かされて大成します。

★天風姤生まれ

ともかく「思いもよらぬこと」に見舞われることの多い一生です。思いもよらぬ人と結ばれ、思いもよらぬ大金を手に入れ、あるいは思いもよらぬ災難に出あう……。吉凶とりまぜて、予想だにしなかった偶発事があなたの前に立ち現われるのです。

さて、その吉凶を分けるキーポイントは何か。それは、一にあなたの心がけにほかなりません。いささかお説教じみた話で恐縮ですが、あなたの日頃の心がけ次第で運勢の吉凶が決定されるといっても過言ではないのです。思いもよらぬ喜びに出あいたいのなら、やはり日頃から精進努力を怠らぬようにすべきでしょう。

★天水訟生まれ

男子がいったん外に出れば、そこには七人の敵がいる、といいますが、あなたにはふつうの人よりも数多い敵が現われます。そして、あなたの人生の浮沈はまさにこの敵との対し方にかかっているといえます。

もちろん第一目標は、敵を倒すことにあるわけですが、それだけでは十全とはいえません。敵から多くのものを学び取り、ときには敵に塩をおくる度量の広さを持ったとき、あなたの人生は充実したものになるでしょう。女性は、嫁姑のトラブルで悩まされる運気がありますが、これとて相手を批難するだけでなく、一歩下がって自分をかえりみる広い心をもつことが大切です。

★天山遯生まれ

あなたは「遯《しりぞ》いて待つ」という心構えが必要です。目先の利益や、小さな幸運にこだわらないこと。

若い頃には、あなたには多くの幸運が訪れます。学業、仕事、恋愛、いずれの面でも、ラッキーな人と呼ばれるでしょう。しかし、その幸運は、なぜか永続性のないものばかり。したがって、その程度に甘んじていると大成は望めません。むしろ、小運には目を向けずに、荒野に身をおいてじっと大運の訪れを待つことがたいせつです。中年を過ぎる頃にあなたは絶好の大成のチャンスにめぐりあう運気をもっています。

★天地否生まれ

反骨精神に満ちて、一本筋を通さずにはいられない人ですから、当然処世の上では、何かとトラブルが起こりがちです。運勢の好不調の振幅も大きいので、あるいは世の冷風にさらされて、ひとりじっと耐え忍ぶときもあるかもしれません。

あなたの真骨頂が発揮されるのは、まさに不遇のときです。「艱難汝を玉にす」という言葉がありますが、幾たびかの試練を乗り越えているうちに、あなたは一歩ずつ成熟の度を加え、やがてサナギがチョウに変わるように一大変身を遂げて、華麗な舞台に雄々しくはばたいていくことでしょう。

運勢の波に大きく左右される人。ちょっとツイていると大喜びし、ツカなくなると見るも無惨に落ち込んでしまいます。

あなたは運のとらえ方を再考してみる必要があります。確かに人の一生は、持って生まれた運勢の波によってさまざまな影響を受けるものです。が、それ以上に大切なのは、個人の意志と努力なのです。ともあれ、運の盛衰のみをとらえて一喜一憂するのはよくありません。むしろあなたは「運勢なんぞには影響されないぞ」というくらいの気慨をもって、決して自分を失うことなく、力強く前進していくようにしたほうがよいでしょう。

★沢天夬生まれ

ずばり強運の人です。諸事万般にわたってツイている人。少々の困難やトラブルは、持ち前の強い運気で楽々と乗り切っていきます。したがって、あなたの人生は安楽で華麗なものとなるでしょう。

注意すべき点はひとつだけ。とかく強運で才能のある人にありがちな、他人に対する思いやりのなさや、無神経さをなくすことです。自分が豪華な特急電車であるだけに、鈍行列車の嘆きや苦しみが分からない。しかし、それでは人間として本当に充実した、また称讃に価する人生をおくっているとはいい難いでしょう。

★澤火革生まれ

あなたは、もともと運勢などというものには関心がもてない人かもしれません。あなたが信じるものは自分の意志と力のみ。それはそれで大変結構なことですが、自分を信じるあまり、いささか強引になりすぎるきらいがあります。

どんな人にも、どんな人生にも必ず天の時というものがあります。それは決して一方的に押しつけられるものではなく、大きく高いものの意志と、個人の意志とが渾然一体となって、微妙にかもし出されてくるものなのです。自分の判断で力強く前進するのもよいが、総合的な見地からみて、時に利あらずと感じたら、素直に一歩引き下がって静観してみるのもよいでしょう。

★澤雷随生まれ

お人好しで、従順な性格が災いしてか、忍耐を要求される辛い目にあうことがしばしばあります。親友や、恋する人に裏切られたり、放漫な経営がたたって事業に失敗したり……。

ひたすら耐えて、明日に向かって歩きつづける以外に手はありません。あなたの場合、ひとりぽっちで事をなすのは苦手な人なのだから、一刻も早く信頼するに足る人物を見つけて、共同で難局を打開していくようにすべきです。

実りのない人生のようにみえても、努力さえ怠らなければ、天は必ずあなたに救いの手をさしのべることでしょう。

★澤風大過生まれ

あなた個人としては、どちらかといえば悲運の星の下に生まれています。若い頃から晩年に至るまで、その努力の割には報いられることの少ない人生でしょう。

ただし、あなたにはなぜかいつも援軍が現われてきます。先輩、知己、同僚、恋人……あなたが不遇にあえいでいるときは、必ずこれらの人が暖かい救いの手をさしのべてくれるのです。すなわち、唯一、人間関係の運勢にだけ、あなたは恵まれているのです。考えようによっては、これは何にもまして幸せなことかもしれません。いたずらに名利栄達のみが満たされる人生よりも、和やかで暖かみのある人生のほうが数等実のあるものだといえるでしょう。

★澤水困生まれ

困難の多い人生です。とくに若い頃には、トラブルや不運がうちつづきます。ときには音《ね》をあげたり、沈み込んだりすることもあるでしょう。

しかし、あなたは不屈の闘志で困難に打ち克ち、中年を過ぎるころには必ず大運を手に入れます。いわゆる最後に笑う人間なのです。ただ、気をつけるべき点があります。あなたは不遇の時代があまりにも苛酷なものであったために、成功したときに思わず「ザマを見ろ」と他人を見下す態度をとりがちです。それでは本当の成功とはいえません。あくまでも謙虚に素直な気持で、むしろ試練を与えた天に感謝するくらいの心をもつことがたいせつです。

★澤山咸生まれ

人の上に立つリーダーとして辣腕をふるい、目下の人に等しく幸せを分け与えるべく生まれついた人です。

したがって、自分のことだけを考えて行動すれば、天の意にそむくことになり、ことごとく失敗をすることでしょう。天命にのっとって、自己の持てる力を十分に発揮するようにすれば、ことに実業の面で、名経営者とうたわれる幸運を得るでしょう。

女性は、夫の弱点をカバーし、ときには自らがリーダーシップをとりながら家庭をおさめてゆくようにしましょう。

★澤地萃生まれ

幸運がキラ星のごとくあなたの上に降ってきます。あまりに多すぎて選択に迷うくらい。幸運ばかりではなく、多くの有能な人材もまたあなたのまわりに集まってきます。

さて、あなたの課題は、その両の手に余るほどの果報をいかに選択し、いかに役立てていくかということにかかっています。それには、何よりも自分が進んでいく道の方向性を確立しなければなりません。何をやっていくのか分からぬままに目先のラッキーチャンスに飛びつき、あるいは利をもたらしそうな人物と親しくしても、決してあなたの将来にとっては、大きなプラスとはなりえないことを十分に心得ておきましょう。

★離為火生まれ

才能にも健康にも恵まれたあなたは、幼い頃から、まわりの人にも可愛がられ、裕福な家庭環境の下で、きわめて幸せに過ごします。

ところが、長じてくるにしたがって、盛運にかげりが見え始め、いつの間にやら、平凡な人生を歩んでしまうことになってしまいがちです。まさに「幼にして神童、長じて凡愚」という諺どおりになってしまうわけですが、これはただ運勢の盛衰だけの問題ではありません。

幸運に甘えることなく、努力を怠らなければ、少々の不運ははね返す力を身につけて、晩年に至るまでハッピーな状態がつづいていくことでしょう。

★火天大有生まれ

この卦生まれの人は、大きな福運に恵まれた果報者です。

なかには、生まれもった盛運のままに、さほどの努力もすることなく、幸せな一生をおくる人もいるでしょう。よしんば、幾たびかのつまずきに出あうことがあっても、傷は致命的なものにはならず、やがてめぐりくる天の時をまって、早々に立ち直ることができるのです。

あなたがなすべきことは、そうした福運をひとりじめにしないで、より多くの人に分け与えるようにすることです。そのことが、あなたに福運を与えた天の真意に報いることにつながるのだといえるでしょう。

★火澤睽生まれ

波瀾に富んだ人生を歩むことでしょう。喜びも大きいが悲しみも大きい。しかし、結局あなたの人生はトータルな面ではツジツマがあっているものです。

人間万事塞翁が馬。良いときもあれば、悪いときもあるものです。短い期間だけの運不運をとりあげて、あれこれ考えたところでどうしようもありません。

あなたは、運勢の波に逆らわずに生きていくことです。いわば自然流。へたに頑張りすぎたり、落胆しすぎたりするのはよくありません。常に自分を失わない態度さえ身につけておけば、何も案ずるには及ばないのです。

★火雷噬嗑生まれ

あなたは、大きな組織の一員として、その力を遺憾なく発揮する人です。独立自営の道を歩んでも、それなりの成果はあげられますが、よほどのことがない限り大成はしないでしょう。

とはいっても、組織の中の小さな歯車として生きていくというのではありません。組織と自分との間に生じる、濃密な緊張関係をエネルギー源として、初めて本来の自己実現をはかることができるのです。

運勢について見ても、あなた個人の運ばかりではなく、組織（または家族）全体がもっている運の盛衰に大きく影響を受けることでしょう。

★火風鼎生まれ

一歩ずつ階段を昇って、やがては人の上に立つ存在として重要な任務を担う運命にあります。あまりの責任の重さに潰されそうになることもあるでしょうが、それだけにまた大きな生き甲斐をもつこともできるでしょう。

成功のカギを握るのは対人関係。とくにあなたを支え、あなたとともに歩む三人の重要人物といかに付き合うかにかかっています。三人とは、師、妻（夫）、友のことです。あなたは若くして、終生の師、最良の配偶者、心通う親友に恵まれる大運をもっています。その運を活かし、恩に報いる気持で精進すれば、比類なき成功者としての将来が、あなたを待っています。

★火水未済生まれ

不運に強い人。また、幸運を上手にとらえて成功に結びつけていく人です。全般的な運勢のバランスをみると、どちらかといえば不運に出会うことのほうが多いのですが、結局は人生レースの勝利者となることでしょう。

とくにいったんダメになったものを、もう一度甦らせる術にたけており、いわば倒産会社の再建屋的な粘り強さをもっています。ただ、異性問題にだけは気をつけたほうがよいようです。関係がこじれても、あなた自身はたくましく立ち直ることができますが、なに分相手のあること、取り返しのつかない深い傷を負わせてしまっては、お互いにとって不幸なことです。

★火山旅生まれ

旅に生き、旅に死ぬ人生。行く先々で、いろいろな人に出会い、さまざまな出来事を体験します。当然、そこには運不運があって、非常に感激したり、ひどく傷つけられたり、といったことの繰り返しもあるでしょう。

他人から見れば、落ち着きのない不安定な生活だと感じられるかもしれないが、あなたが望むのだから仕方がありません。ただ、風来坊的な漂流の中にも、一本のしっかりした線（目標）を持っておくことが大切です。何でもいい、この線だけは絶対にゆずれないぞ、というものを持っていれば、必ずあなたの思い通りの一生がおくれるはずです。

★火地晋生まれ

事を成すには「運鈍根」が必要だといわれます。天運の助けと、ねばり強さと、根気強さの三つです。あなたは、どちらかといえば天運には恵まれていない人です。親や配偶者との縁が薄かったり、仕事上でも不慮の事故で思い通りにいかなかったり……。

しかし、あなたは鈍と根には恵まれています。悲運にじっと耐えて、堅実な努力をつづけていく根気と意志の強さは何ものにも替えがたいものがあります。家柄にたよったり、あるいは時流にうまくのって、そこそこの小成に甘んじている人よりも、あなたの生き方のほうが幾層倍か実りの多いものでしょう。

★震為雷生まれ

実力はありながら、いまひとつ十分にそれを発揮できない。これといったミスも犯さないかわりに、衆目を集めるような成功もおさめない。あなたの人生には、どこか煮え切らないものがついてまわります。

それは、あなたの興味や関心の対象が、常にクルクルと変ってしまうからなのです。なまじ小器用なだけに、あれこれと手を広げてしまい、結局は何ものにできない。ラッキーチャンスは、ひとつのことに熱中し、たゆまぬ努力をつづけているときに、初めてあなたに微笑みかけるということを忘れてはなりません。

★雷天大壮生まれ

男性、女性を問わず、年上の異性が幸運を運んでくれます。進学、就職、結婚など、いずれも年上の異性から貴重なアドバイスを受けることでしょう。ここ一番の勝負の時を迎えたら必ずその人に相談してみることです。

また、運をとらえても急がぬこと。陽気で開放的なあなたは、すぐに有頂天になってしまう悪い癖があります。順境の下で逆境のそなえをする、そうした緻密さをもてば鬼に金棒です。

壮年期に、仕事の面で大きな転機を迎えますが、それまでの体験や実績にこだわらず、無心に向かえば大運をつかむチャンスです。

★雷澤帰妹生まれ

大きな幸運か、あるいは大きな不運か、あなたの人生の振り子は右に左に大きく揺れ、ほどほどということがありません。

事業ひとつをとってみても、波に乗れば倍々ゲームで急成長し、いったん悪くなると突然倒産の危機に瀕する、といった具合です。あまりの振幅の大きさに疲労困憊して、いい加減ウンザリすることもあるかもしれません。しかし、これもあなたの定められた人生、ギブアップするわけにはいきません。成功の秘訣は、どんな事態になろうとも、あわてたりせずに、自分のペースをしっかりと守ること以外にはないでしょう。

★雷火豊生まれ

太陽の恵みを一身に受けて、ラッキーな人生をおくる人です。生まれながらの才能に恵まれ、暖かく見守ってくれる人々に囲まれ、しかも自分の能力をいっぱいに出し切る大きな舞台をも与えられています。

そして、あなたは、その幸運に甘えることはしない。常に自分の生き方に厳しい眼を向けて、日々精進を怠らない人です。したがって、ますますツキの女神のおぼえがめでたくなり、晩年に至るまで盛運のタネが尽きることはありません。あなたにとって唯一の課題といえば、その幸福をまわりの人や、広く社会全体に還元していく努力をつづけていくことだといえるでしょう。

★雷風恒生まれ

運勢に波はつきものです。良いときもあれば悪いときもある。ところが、あなたは常に幸運のみに目を向けがちです。

したがって、不運のときのそなえが足りず、すぐに意気消沈してしまい、こらえ性がありません。人間の真価は、不遇のときに発揮されるものです。八方ふさがりの悪環境の中で、なんとか突破口を見つけ出そうと努力をつづけることで、性根のすわった成熟した人間がつくり出されていくのです。不運をおそれてはいけない。むしろ上昇気流に乗る絶好のチャンスだと考えて、たゆまぬ精進をすることです。

★雷水解生まれ

せっかくのチャンスに乗り切ることができない。もう一歩のところでツキの神様にプイと逃げられてしまう。そんな、いまひとつ何かが足りないような感じがありませんか。不運ならばあきらめがつくものを、なまじ、ラッキーチャンスなだけに取り逃した落胆も大きいでしょう。

では、どうすれば幸運をがっちりとつかむことができるのか。それはひとえにあなた自身の周到な準備と迅速な実行にかかっています。日頃から、どんな状況に立ち至ってもあわてることのない実力を身につけるようにし、チャンスと見たら、すばやく実行に移すだけの敏しょう性を会得しておきましょう。

★雷山小過生まれ

なぜかあなたには、こまごまとした雑事が多く降りかかり、じっくりと腰をすえて進むことがなかなかできません。小さなことに気をとられているうちに、本来の目的を見失ってしまいそうになることもたびたびあるでしょう。

運勢も、めまぐるしく移り変わり、いったい今はツイているのかいないのか分からないときもあるくらいです。いろいろと気苦労も多い人生ですが、運命とあらば致しかたありません。せめて、ひとつかふたつ、これだけは誰にも負けないぞ、という分野をつくってみましょう。そうした自信があれば、状況がどんなに移り変っても動揺することはないはずです。

★雷地豫生まれ

音楽あり、詩あり、語らいあり。明るく陽気な性格を反映してか、あなたの人生は朗らかで潤いのあるものでしょう。

あまりの楽しさに浮かれすぎて落とし穴にはまることもありますが、持ち前のおおらかさで、すぐにはいあがってきます。ともに喜び、ともに悲しむ親友や伴侶にも恵まれるので、少々の不運は笑って過ごすことができるでしょう。ただ、ひとつだけ気をつけることは異性問題です。とくに男性は、晩年に至って性悪女に出会い、それまで培ってきたものをすべて失くしてしまう危険性があるので、くれぐれも気をつけること。

★巽為風生まれ

幸運というものは思ったほど頼りないものです。待ち望んでいるのになかなか顔を見せてくれず、来たかと思うとちょっと目を離したスキにいづこともなく消え去ってしまう。

とくに、あなたのように何事にも優柔不断な人には、なかなかつかみにくいもの。せっかく目の前に現われているのに、何やかやとためらっているのでは、ツキの神様が逃げてしまうのも当然のことです。ともかく、チャンスと見たら、少々の無理をしてでも押せ押せムードで頑張ってみること。逆にツイてないときには、一刻も早く気分転換をして、新しいことにチャレンジしていくことがたいせつです。

★風天小畜生まれ

あなたの人生は「蓄積」の人生です。お金も、教養も、人的つながりも、仕事も、すべて少しずつ蓄積していきながら将来にそなえるのです。

したがって、どんな道を選ぼうとも、あなたは大失敗をすることがありません。蓄えたものを、状況に応じて柔軟に使い分ける態度さえ持てば、いかなる場合にもそこそこの成果をあげていきます。

さらに大きな飛躍を望むのならば、自分が蓄えたものの範囲内にとどまることなく、未知の分野にも積極果敢にチャレンジしていく精神を身につけることが必要でしょう。

★風澤中孚生まれ

あなたの真面目な努力は必ず報いられます。チャンスはすでに青年時代に訪れ、若くして一家をなす幸運に恵まれる場合もあります。

あなたは幸運のひとり占めができない質の人間です。若くして財をなし、あるいは知識を手に入れたら、ほかの人たち、とくにより若い後輩たちに分け与えようとするのです。そんな人柄のせいか、あなたは教師や宗教家など、人を教え導く職業につけば大成功することができます。また、実業家になれば卓抜な能力で社業を発展させ、同時に社員や社会に対しても大きく還元していく名経営者となることでしょう。

★風火家人生まれ

野球でいえばキャッチャー。ピッチャーの女房役として、またナイン全体のまとめ役として、大地に根をおろした活動をする人です。

会社や組織では徹底して女房役になりきること。あなたの運の盛衰は、あなたが仕える人の運勢と符合しています。すなわち上の人の働きぶりが直接あなたの人生をも決定づけるのです。したがって女房役のあなたとしては、能力の限りをつくして上を盛りたてるようにしなければなりません。女性は、幼くしては暖かい両親に、長じては頼もしい夫に、そして老いては、素直で思いやりのある子どもたちに恵まれて、幸せな一生をおくることができます。

★風雷益生まれ

あなたは、新しいものとの出会いのときに、生来の強運を発揮する人です。たとえば、会社が何か新しいプロジェクトを立案したときなど、あなたが一枚加わると、きわめてスムースに事が運び、大きな成果をあげることができます。

ところが、新鮮さがなくなってくるとともに、あなたにもなぜか衰運が訪れてくるのです。そういう意味では、生まれながらに、活動するパイオニアとしての運命を背負っているといえます。一か所にとどまらず、常に進取の気性をもって、新しいもの（あるいは人）にチャレンジしていけば、必ず大成功をおさめることができるでしょう。

★風水渙生まれ

中年過ぎに大運を得るチャンスがあります。それを確実にものにできるかどうかは、若いうちに、どれだけの経験を積み、どれだけの実力を貯えておくかにかかっています。

若い頃は、ひとつのことにどんなに熱中して頑張ってみても、一向に芽が出ません。仕方なく方向転換して、ほかの道に進んでみるが、そこでもダメ。結局、その精進努力にもかかわらず、いろんな道で挫折を余儀なくされてしまいます。しかし、決してあきらめないこと。この時代の幅広い分野での努力がなければ、中年過ぎに訪れるせっかくのチャンスを逃がしてしまうことになります。

★風山漸生まれ

計画を練りあげ、それにそって漸進していく人。決して無理はしない。数学者のような緻密さと、経理マンのような着実さがあなたの身上です。

したがって、決して大失態を演ずるようなことはありません。積み重ねた体験と実績から、ツキの目を読む力も相当なもので、好不調の波を上手にとらえてゆきます。ただ、世の中には、人智を越えた出来事がたまに起こるもの。そのとき、もしあなたが、自分の計画や体験にばかりこだわっていたら、取り返しのつかないことにもなりかねません。目上の人や友人などに相談しながら、いま一歩高い見地から対処するようにしましょう。

★風地観生まれ

あなたの運勢の消長は、ここでとやかく述べるまでもなく、あなた自身がよく知っています。現状をつぶさに観察し、その上で将来を鋭く見通す眼力をあなたはもっているのだから。

そこで、あなたは好不調の波を的確にとらえて、天の声にさからわずに上手に生きていきます。当然、失敗のない堅実な人生を歩むことができるわけですが、年を経るにしたがって、どこかで虚しい風の音がするのが聞こえてきます。自分で引いたレールの上を、ソツなく走りつづけてきたのに、なにかが足りない感じがするのです。運勢に、ときには反抗してみてはどうでしょう。時に利あらずと判断しても、人は行かざるを得ない場合もあるのではないでしょうか。

★坎為水生まれ

あなたの運勢は川の流れにたとえられます。天から降り下った雨が、山の狭間を岩にぶつかりながら流れ落ち、草花や生物を潤しながら大河となって、やがて大海とひとつになってゆく……。

若い頃は山狭を落ちる急流のとき。波瀾に富んではいるが、それを乗り切るバイタリティーにあふれています。壮年期は大河。それまでの精進努力が実って、悠々と安定したときを迎え、まわりの人にも恩恵を施す余裕もできてきます。そして、晩年は功成り名遂げて、大海のような静安と円熟の中に身をおいて自適の生活をおくることでしょう。水の流れのような柔軟さをもてば、あなたの一生はすべて順調に進んでゆきます。

★水天需生まれ

家庭環境に恵まれたあなたは、社会へ巣立つ時も良いスタートを切ることができます。親やまわりの人に期待され、物心両面に渡る援助も受けるので、同世代の友人などよりははるかに好条件で人生街道を歩むことになります。また、それに加えて、あなたには類まれな才気もそなわっているので、各方面で成功をおさめることでしょう。

ただ親の保護や、目上の引き立てに甘え、精進を怠ると無残な敗者になりかねません。自ら艱難を求め、雄々しくそれに立ち向かう気概をもったとき、初めてあなたは真の勝者の道を歩き始めるのです。

★水澤節生まれ

あなたの財産は豊富な人材です。師、恋人、友人、いずれもこれ以上は望み得ない素晴らしい人たちに出会うことができるのです。

金銭や仕事の面では、どちらかといえば一生を通じて不遇な時代がつづくあなたですが、何にもまして重要な対人運に恵まれているのですから、贅沢はいえません。金や名誉への執着はなるべくおさえて、あなたをとり囲む素敵な人たちとの関係を少しでもよくするように心をくだくことが幸福につながります。気をつけるべき点は、どんなに親しくなろうとも、一方的に甘えることだけはせず、相手の個性を尊重した節度のある付き合い方をすることです。

★水火既済生まれ

形あるものは必ず壊れ、また無形の材料から新しいものが造られていく。ギリシャの哲人の言をまつまでもなく、この世にあるすべてのものは流転していくものです。

人生とて例外ではない。固く結ばれた夫婦の絆もいつかは切れるときがき、またやっと手に入れた栄冠もやがては色あせていく……。ところが、あなたは自然の理に反して、何でも固定的に考えてしまいがち。当然、運勢や時流の大きな推移にもついていくことができずに、後悔のホゾをかむことになってしまいます。あなたの課題はただひとつ、より柔軟で、より活動的な人生観をもつことです。そうすれば、必ず確かな幸運に出会い、望外の幸せを手にいれることでしょう。

水澤節生まれは師や
友人に恵まれる。

水雷屯生まれは
若いとき不遇だが
後半生は大盛運に
なる。

★水雷屯生まれ

若い頃には、何をやってもヘマばかり。悪い星の下に生まれてきたものだと、嘆息してしまうこともあるでしょう。

壮年に至り、家庭生活が充実してくるにしたがって、一転してあなたの能力がいっせいに花開く時を迎えます。大器晩成とはあなたのためにあるような言葉で、後半生は人も羨やむ盛運の時期です。

無論、座して幸運を待つということでは、せっかくの運気にも見離されてしまいます。不遇の時に倦まずたゆまず精進をつづけることが必要です。

★水風井生まれ

汲めどもつきぬ井戸の水のように、あなたの幸運はとどまるところを知りません。とくに青春時代は花。学業でも恋愛でもラッキーがつづき、友人たちからジェラシーの眼で見られることでしょう。

しかし、井戸の水もあまり頻繁に、しかも汚い桶で汲んでいると、いつかは濁ってしまうものです。水はあっても、濁っていてはなんにもならない。幸運も、上べの私欲だけで利用するばかりでは、結局あなたのためになりません。他人にも自分の幸せを分け与えるくらいの広い心をもつこと。そうすれば、もっともっと大きな、真の意味での福運が訪れるにちがいありません。

★水山蹇生まれ

人の運勢には、金運、健康運、愛情運、出世運などさまざまなものがありますが、あなたの場合は、これらの運勢の好不調にバラつきが見られます。

たとえば、金銭面で何不自由なく暮らしているときは、どうも健康がすぐれない。愛する妻や子には恵まれたが、仕事の上ではミスばかりがつづく、といった具合です。とかく浮き世はままならぬ、とタメ息でもつきたくなるところですが、それは欲張りというもの。かえって、すべてが順調であるよりも、ひとつやふたつ不調なものがあるほうが、張りのある充実した生活が営めるかもしれません。

★水地比生まれ

比較的穏やかで、波風の立たない人生を歩むことでしょう。

あなたの生涯の課題は〝人との和〟をいかに保つかということです。家庭でも職場でも、人間関係が円滑なものであるときに、あなたは持てる力を十分に出し切り、積極的で頼もしい働きぶりをみせることでしょう。逆に人間関係にヒビが入ると、あなたは突然安定を失い、仕事にも甚大な影響が及びます。

教師、宗教家、ジャーナリストなど、人間を素材にする仕事につけば、その道のオーソリティとして活躍できるでしょう。

★艮為山生まれ

あなたは孤独なロッククライマーの道を歩みます。険しくそそり立つ岩壁を、自分だけの力を頼りに、一歩ずつ頂上をめざして登ってゆくのです。

厳しさの中に凛とした潔さを感じさせる人生です。あなたにとっては、目的に向かう過程が大切なのであって、結果には頓着しない。したがって、運勢の好不調ということもさほどの問題にはなりません。不運も逆らわずに受けとめ、むしろ天が与えた試練と考えて、それを自分のエネルギーの起爆剤として使おうとします。いつか必ずあなたの努力は報いられ、ひとり静かな充足感にひたる日が訪れることでしょう。

★山天大畜生まれ

さまざまなことにチャレンジし、あきらめることがなければ、幸運はひとりでについてきます。とくに経済問題では、強運をもっている人です。

ただ、あまりにも目先の欲や願望にとらわれすぎて、各方面に目移りするようなことがあると、結局はアブハチとらずになってしまいます。ひとつの分野でじっくり腰を落ちつけて、その道のオーソリティになること。その上で、他の道の開拓を始めれば必ず成功することでしょう。

また、物欲が強すぎると、あなたのもとから貴重な人材が離れてしまいます。人にまさる宝なし、と肝に命じておきましょう。

★山澤損生まれ

苦労と犠牲の人生を歩みます。滋しみ深い母親が、自分は食べなくとも、おいしいものを子どもたちには食べさせるように、一種崇高とさえいえるような生き方です。

当然、楽しく浮き浮きした人生とはいえません。来し方行く末に思いをはせて、ふと自分の生き方に疑問を抱くこともあるかもしれません。しかし、最終的にはあなたの人生は大いに報いられます。滋母が成長した子どもたちに暖かく遇されるように、あなたの献身的な努力、私心のない行動は必ず報いられます。ことに晩年には、物心両面に渡って大運をつかみ、人も羨むような充実した生活ができることでしょう。

★山火賁生まれ

板子一枚下は地獄、というのではありませんが、あなたの人生は、一歩足を踏み外すと深い奈落に落ち込んでしまいかねない危険性をいつもはらんでいます。

運勢も、盛と衰とがいつも隣り合わせ。幸福の絶頂にいながらも、心の片隅に根深い不安感が常につきまとっています。これも宿命とあきらめること。むしろ、そうした複雑さや二面性を上手に利用することで、あなた独特の道を大きく拡げることができるのです。

たとえば、絵画や文学などの芸術の分野で精進すれば、特異な存在として人の目をひきつけることができるでしょう。

★山雷頤生まれ

慎み深い性格のせいか、目の前にぶら下がっている幸運にもなかなか飛びついていこうとせず、したがっていつもツキのなさを嘆くハメに陥らざるをえません。

自業自得。隆運の恩恵にあずかりたければ、体面はかなぐり捨ててでも頑張らなければなりません。

とくに、人との出会いの幸運は大切にすること。大地に根をはったしっかりした人物に出会ったら、ツキを運ぶ女神だと思って喰いついていくことです。お互いを補いあい、互恵の精神をもってすすめば、能力以上の力を発揮し、大成功を導くことでしょう。

★山風蠱生まれ

幼いうちは、家庭環境に恵まれて、何不自由なく暮らしていきます。社会に出るころまでは、隆運がつづき、人も羨やむ幸せな青春時代を過ごしますが、いざひとり立ちをしてみると、あなたには数々の不運が見舞うことになります。

運勢が下降線をたどるからばかりではなく、あなた自身が安穏な暮らしになれ親しみすぎて、自らの手で運を開くことを怠ったことが大きな原因です。幸運は決して待つべきものではありません。困難な状況の下で、一歩でも前進しようと模索をつづけていきながら、その結果として初めて手にしうるものなのです。

★山水蒙生まれ

あなたの歩む道は、穴ボコやぬかるみだらけ。アスファルトの舗装道路というわけにはいきません。

知力にすぐれ、忍耐心も持っているあなたは、数々の不運にもめげず、自分の心の欲することを実現させようと奮闘努力します。あまりの苦労の多さに、絶望の河の淵にひとりたたずむこともありますが、最後には不死鳥のように蘇ってきます。

考えようによっては、平坦な道をスポーツカーで飛ばして行く人生よりも、しばしば立ち止まりながら、重き荷を負うて行く人生のほうが、味わい深く濃密なものだといえるかもしれません。

★山地剝生まれ

自らの手で幸運の扉を開き、少々の困難などものともせずにハッピーな一生をおくることでしょう。

あなたにとって最大の危機は、むしろ功成り名遂げたときにやってきます。たゆまぬ努力と、強引ともいえる敢闘精神で、やっと手に入れた金や名誉。しかし、あなたはその功名の座に安住することができません。まるで行く当てもなく放たれた弓矢のように、目標を失い大きな不安感を覚えるのです。10割の幸運ではなく、8割の幸運と2割の不運。この程度のときが、あなたにとっては一番幸せなときかもしれません。

★坤為地生まれ

「待ちの人生」に徹し、分をわきまえた姿勢を保つならば、あなたの前には洋々たる前途が開けます。

先頭を切って走るよりも、二番手につけてじっくりとチャンスをうかがうあなたには、仕事上でも人目をひきつける派手さはないが、いわばいぶし銀の魅力を発揮します。組織の中では、名参謀役として独特の地位を築き、中年を過ぎるころからは円熟味も増して、経営のトップグループの一員として活躍します。女性は、賢夫人として家庭を守り、夫を最高の出世に導く運勢を持っています。

★地天泰生まれ

幸運の星の下に生まれた人です。とくに目上、目下を問わず有能な人材に恵まれています。この恵まれた人材を、いかに料理するかによって、あなたの人生の明暗は分けられるといっても過言ではありません。

お人好しで、若干事なかれ主義的な面をもっているあなたには、厳しい眼と強い意志をもった人物が、格好のパートナーといえるでしょう。事をなすにあたって、パートナーのアドバイスを十分に聞き、力を合わせて敢然とした態度で臨むならば、能力以上の力を発揮して、成功への道を歩みつづけることになるでしょう。

★地澤臨生まれ

政治、経済、教育などの分野で、リーダーシップをとって活躍できる運に恵まれています。好調の波に乗っているときは、能力以上の力を発揮し、その成果は万雷の拍手でもって讃えられることでしょう。

というのも、あなたが人心収攬《しゅうらん》の術にたけ、まわりの人間を上手に使って、自らが望むところを達成していくからです。運勢が下降期（中年過ぎころ）に入ると、にわかに人があなたのもとを離れ、あなたは自分ひとりで進まざるをえなくなります。そのときまでにどれだけ自分を練磨していることができるかが、大きなキーポイントになることでしょう。

★地火明夷生まれ

乱世の英雄とか、貧家のしっかり者などということばがあります。一見、運に見離されているかに見えるときが、実力を発揮する絶好のチャンス。また、あなたほど不運に強い人はいません。逆境の中にあって多くのものを学びとる人。

不遇のときには、人の心の機微がよくうかがわれるものです。とくにあなたの冷静な眼をもってすれば、誰が本当の友であるかを鋭く見抜くことができます。そうして得た人とともに、ラッキーチャンスがめぐってきたときに、勇躍勝負に打って出れば、必ず大きな成功をおさめることでしょう。

★地雷復生まれ

七転び八起き。あなたは、数々の不運や苦労に出会いながら、そのたびに超人的な頑張りを見せて立ち直り、結局は人も羨やむ大運を手に入れます。

病気、失恋、失業……いずれのひとつをとっても、ふつうの人ならばとっくにまいってしまう深刻な事態を迎えるのに、あなたは決してヘコたれません。マイナスのカードばかりをじっと耐えながら集めて、いつの間にやら大きなプラスのカードに転じさせているのです。

晩年、あなたは住みなれた土地を離れて、いづこかへ移り住むことがありますが、そこで思わぬラッキーに出会う運気があります。

★地風升生まれ

小を積んで大となす。あなたに訪れる幸運は、確かにひかえめで小さなものかもしれません。しかし、それをひとつずつていねいに拾い集め、大きな幸運を築き上げていく力があなたにはあるのです。

ただ、その幸せの芽があまりにも小さすぎて、あなたは見過すことがあるかもしれません。理想の伴侶を求めつづけて、ふと気がつくと、すぐ身近に格好の人がいるのを発見する、などということはままま見受けられることです。ものごとを静かに見通す素直な眼と、こだわりのない柔らかな心があなたには求められています。

★地水師生まれ

あなたは素晴らしい師にめぐりあう幸運をもっています。学問上の師、仕事上の師、そして人生上の師、いずれもあなたを暖かく見守り、有効なアドバイスを与えて成功へと導く貴重な存在です。あなたはこの師に全幅の信頼をおき、その教えを忠実に守ることで、誤りのない順調な人生を歩むことができます。

後半生においては、今度はあなた自身が後進の師となるべき運命にあります。心に恥じることのない生活に心がけ、いつまでも努力することを忘れずに、後につづく者の手本となれるように頑張りましょう。

★地山謙生まれ

謙虚でひかえ目な人生。それは確かに面白味のない、見方によっては愚かしいものかもしれません。しかし、あなたは自己の性格をよく知って、つつましやかではあるが、人に恥じることのないすがすがしい人生をおくります。

虚飾をしりぞけた真面目な暮らしぶりは、いずれそれ相応の大運を呼び起こすことでしょう。ことに晩年には、やさしい家族に恵まれて、潤いのある生活ができる幸運を享受します。ただ、その思いやりのある人柄が災いしてか、あなたはしつこい異性につきまとわれる不運にめぐりあうこともあります。

3　何歳のときお金に恵まれるか〈金運〉

この章を読むまえに

金さえあれば、この世に恐いものはないという人がいます。全面的に肯定はしかねますが、ある意味で現実を言い当てているのは否定できません。愛が精神生活の支えだとすれば、実生活を支えるものは何といってもお金です。物質主義の今の世の中、「金で買える幸福」もある程度はありますし、逆に「生活に負けて愛を失う」ことも珍しくありません。

この章では、あなたがどんな金運を授かって生まれてきたかを占います。六十四卦それぞれについて、はじめに金運全般の傾向を説明し、次に、十代、二十代……六十代という年代別の金運を占ってみました。第4章と同様、変爻《へんこう》を用いて占断するのですが、その方法は繁雑なので説明を省きます。

金運は、〝性格〟とちがって、一生を通じて不変のものではありません。どんな人にもツクときとツカナイときがあります。それは波のウネリのようなものです。ただ、ウネリの大きさや長さが、人によってちがうにすぎません。ですから、現在は金運に見放されている人でも、将来必ず好機にめぐり合うチャンスがあるはずです。「私はお金に縁がない」と諦めている人は、じつは縁があるのに見逃していることが多いものです。

本章によって、あなたにいつ、どんなツキがめぐってくるかを知ってください。そのチャンスをうまくつかむことが成功のカギとなります。同時に、現在順調にいっている人は、先の落し穴を避けるために役立ててほしいと思います。

★乾為天生まれ

お金を貯めることも、またそれを使うことも上手な人です。したがって金銭に関しての信用は厚く、たとえば事業を起こしても、銀行筋やスポンサーからの資金調達は割合順調です。ただし、図に乗ると思わぬ破綻をきたすこともあるので、あまり大儲けはたくらまないこと。


〔十　代〕家庭の経済状態はあまりよくありません。アルバイトをしながら学業をつづける人も。

〔二十代〕日頃は倹約し、必要なものに大金を投じるのが賢明。見返りは十分です。

〔三十代〕無計画な浪費が首をしめます。一発勝負はやめたほうがよいでしょう。

〔四十代〕金運隆盛。何をしても大成功する運気がある。ただし目上の忠告には従うこと。

〔五十代〕金運は下降気味。堅実な生活に立ち返る必要あり。

〔六十代〕捨てたつもりのお金が、思わぬことで返ってきます。財布の紐はひき締めて。

★天澤履生まれ

大きな買物をしたり、借金をするときに、誰にも相談せずにひとりで決めてしまう人です。思い切りはよいが、それだけに大損をしてしまう危険性を秘めています。お金のことを口に出すのは恥ずかしいという、へんなプライドを持っている人です。

〔十　代〕親の保護や、目上の人の庇護にあずかって恵まれた生活が営めます。

〔二十代〕事業運あり。刻苦勉励すれば青年実業家への道も開けています。

〔三十代〕金運は中だるみの時期。急場しのぎの借金は凶。住宅ローンも返済がつらい。

〔四十代〕巻き返しは慎重に。結局、日常の小さな努力の積み重ねが幸運を呼びます。

〔五十代〕新しい展開があるでしょう。過去の成功や失敗にはこだわらないこと。

〔六十代〕老後は安定します。書画、骨とう、貴金属などへの投資も吉。

★天火同人生まれ

金さえあれば飛ぶ鳥も落ちる、とばかりにどん欲に金儲けを志す人。現実的で利にさといタイプで、それだけに金銭面でのトラブルにも多く突き当ります。頑張る割には大きな金運には恵まれないが、まれに巨富を得る人もいます。


〔十　代〕アルバイトをやってかなりの収入を得るが、計画性がないと身につきません。

〔二十代〕ギャンブルや投機はまったく不調のとき。借金は身内だけに限定すればよい。

〔三十代〕火災など不慮の災難にあう危険性がある。褌を締めてかかれば金運は上昇。

〔四十代〕思わぬ大金が舞い込む運気。しかし残りません。

〔五十代〕孤立無援。ひたすら辛抱のとき。退職金は、不動産の取得にあてるとよい。

〔六十代〕倹約質素を旨とすべし。趣味を生かして小銭を得ることもあります。

★天雷无妄生まれ

欲張りな人。ほどほどにしておけばよいものを、もう一儲《ひと》けしようとたくらんで大失敗するタイプ。小成に甘んじたくないという気概は結構ですが、こと金銭に関しては、大運に恵まれていないことを自覚しておくこと。

〔十　代〕親の事業が成功をおさめて、恵まれた環境の中で育ちます。

〔二十代〕好不調の波が激しいとき。収支のバランスをうまくとらないと、後々、苦労します。

〔三十代〕サイドビジネスを始めるのには絶好期。十分な下調べさえすれば、大金をつかめます。

〔四十代〕火災など、不慮の災難にあう危険性あり。常にそなえを怠らぬこと。

〔五十代〕なりゆきまかせでも好調なとき。ただし貸借のもつれが生じると、一転不調に。

〔六十代〕それなりに安定した老後を迎えます。

★天風姤生まれ

女性ならば経済力のある頼もしい男性と結ばれるタイプ。自身も、恵まれた環境に甘えることなく質素倹約につとめます。男性は、自分の好きな仕事をコツコツとつづけていくうちに、少しずつ財力を蓄えていくタイプです。

〔十　代〕小づかい帳は克明に。ルーズな態度では、せっかくの入金も身につきません。

〔二十代〕ローンやサラ金に手を出すと首がまわらなくなります。

〔三十代〕知人や親類との共同事業は吉。ただし情に溺れると元も子もなくします。

〔四十代〕思わぬ大金が舞い込みます。貯えて事業資金にまわせば、さらに増えつづけます。

〔五十代〕気のゆるみから、意外な落とし穴にはまり、苦境に立たされます。

〔六十代〕子どもたちからの暖かい支援があり、巻き返すキッカケをつかめます。

★天水訟生まれ

家計簿をきちんとつけ、出納を厳しくチェックする堅実な人。また、道理にあわない金はビタ一文払いもしないし、貰いもしない。買物でも、本当に必要なものにしか触手をのばさないが、必要とふんだら金に糸目はつけないタイプです。

〔十　代〕ギャンブルで大損。親友でも金は貸さないほうがよい。

〔二十代〕性悪女につかまって一文無しになる人も。貧乏にはじっと耐えること。

〔三十代〕計画性をもてばラッキーチャンスに恵まれます。

〔四十代〕堅実な働きぶりが報いられて、商売や事業で大金をつかむとき。

〔五十代〕金運に浮沈の波あり。成功に気をゆるめていると痛い目にあいます。

〔六十代〕引きつづき計画性がもとめられるとき。

★天山遯生まれ

猪突猛進する人にありがちな乱費型です。お金がいくらあっても足りないタイプ。金運には、人並外れて恵まれているのですが、湯水のように使っていては何にもなりません。あなたの浪費癖をいさめて、上手に管理してくれるパートナーがぜひとも必要です。


〔十　代〕コッコッと貯めるとき。早すぎる結婚は、経済的にみじめな結果を導きます。

〔二十代〕仕事に精を出し、倹約もしているのにお金が残らないとき。

〔三十代〕転職やサイドビジネスで、予想外の収益をあげることができます。

〔四十代〕押しの一手ではダメ。引き際を考えて小さな利益を積み重ねること。

〔五十代〕待ちの姿勢が幸運を呼ぶとき。とくに不動産を購入して値上りを待つには最適。

〔六十代〕収入はあるが身につかない。金の貸借は、できるだけおさえたほうが賢明。

★天地否生まれ

お金を貯め込むばかりでなく、それを資金として上手に運用し、さらに大きく増やして行こうとします。大方は、資金運用に成功し、相当の財をなすことができますが、ちょっと歯車が狂うと、とめどなく坂を転げ落ちる危険性もあります。

〔十　代〕小づかいには恵まれる。大きな買物をしたければコッコッと貯金を。

〔二十代〕不遇のときだが、堅実な道を選べばラッキーチャンスにめぐりあいます。

〔三十代〕友人たちとの共同事業で大金をつかむチャンス。経費は切りつめて。

〔四十代〕無計画な借金で落とし穴に。住宅ローンもじっくり検討してから。

〔五十代〕事業（商売）は絶好調。ギャンブルや投機にヘタに手を出すとスッテンテンに。

〔六十代〕お金の管理を厳しくしなければならないときです。

★兌為澤生まれ

男性ならば若いツバメになる素質があり、経済力のある年上の女性に恵まれて、わりと優雅に暮らしていくタイプ。女性も若いうちは働き者の夫に、年老いては賢い子どもに支えられて、何不自由なく暮らしていくラッキーな人です。


〔十　代〕友人と共同で仕事をすれば、そこそこの入金あり。ただし分配をめぐってトラブルも。

〔二十代〕金運は中程度。マイホームのプランは早めに立てておくこと。

〔三十代〕専門分野のみに限定して精進すれば、大金をつかみます。他に手を出すのは危険。

〔四十代〕他人を信用しすぎて落とし穴に。ギャンブル運は最低のとき。

〔五十代〕生活には困らないが、ぜいたくできるほどのお金には恵まれません。

〔六十代〕計画性のある出費をしなければ、子どもたちに迷惑をかけることもあります。

天山遯生まれは
乱費型だ。

兌為澤生まれの男は
若いつばめになりや
すい。

★澤天夬生まれ

清貧をいとわず、金銭に執着しない人。ただし、どうしても必要なときには剛毅果断に金儲けを志します。家族や共同経営者との強い連帯があれば、人並以上の能力を発揮して、金のみならず地位も名誉も手に入れるタイプです。


〔十　代〕アルバイト先は、しっかりしたところを選ばないと泣きを見ます。

〔二十代〕お金には恵まれません。しかし、少ない中から少額でも貯えを怠らないこと。

〔三十代〕手に職をつけて収入を増やします。

〔四十代〕対人関係の良し悪しが、経済にも微妙な影響を与えるとき。金運は徐々に上昇。

〔五十代〕豪快な決断と勇気をもって進めば、ラッキーチャンスをつかみます。

〔六十代〕倒産や、信じていた人の裏切りなど、思わぬ災いがつづくが致命的ではありません。

★澤火革生まれ

おしなべて順調な経済状態を維持していきますが、人生において一度か二度、大ピンチに襲われることがあります。そのピンチをどう切り抜けるかがキメ手。うまくいけば金満家、ヘタをすれば貧苦のどん底に落ちることもあります。

〔十　代〕今のうちに手に職をつけておくこと。ともすれば中途半端に陥りがちです。

〔二十代〕ビッグマネーには縁がありません。浪費癖を直さないと、一生苦労します。

〔三十代〕引きつづき辛抱のとき。しかし、徐々に金運は上向きつつあります。

〔四十代〕チャンス到来。忍耐が実を結ぶときです。思いきった金儲けもことごとく成功します。

〔五十代〕財産をさらに増やす時期。ことに友人や、同業者との協力に吉運あり。

〔六十代〕盗難や、詐欺《さぎ》に注意。不動産や貴金属への投資を。

★澤雷随生まれ

金運はそんなに悪くなく、人並の収入は得られるあなたですが、なにぶんかなりの見栄っぱりなので、格好つけて、パッパとつかってしまい、なかなか貯蓄にまで手がまわりません。友だちと食事しても、割りカンにしようとは決していえない人です。

〔十　代〕先輩や、親の指示に従って将来の生活設計をする時期です。

〔二十代〕若さにまかせた浪費で金は身につきません。

〔三十代〕実力者とのつながりを通して、自ら金運を開く時期です。

〔四十代〕高望みをせず、分相応の暮らしをすれば、それなりの貯蓄も可能です。

〔五十代〕友人と計って、脱サラ転職のチャンス。

〔六十代〕金運は上昇気流にあるが、まわりの人のアドバイスには謙虚に耳を傾けること。

★澤風大過生まれ

貧すれば鈍す。長く貧しい暮らしをつづけているうちに、いつのまにかツキの神様からも見離されてしまう。奮起一番、積極的な金儲けを志せば、案外容易に夢が果たせるかもしれません。愚痴ばかりでは、前途は暗いでしょう。

〔十　代〕野望を抱くのはよいが、今は周到な準備段階。

〔二十代〕金銭的には恵まれない。苦難のときだが、あきらめは禁物です。

〔三十代〕金運上昇。自信をもって臨めば、ひとりでに金が入る時期。

〔四十代〕思わぬ大金が舞い込むが、使いみちに注意しないと、かえってアダになることも。

〔五十代〕金運にかげりが見えます。清貧も辞さない覚悟をもてば乗り切ることができます。

〔六十代〕つつましやかな生活で、細く長く暮らすとき。

★澤水困生まれ

人生の浮き沈みが激しいタイプ。大金を手に入れると有頂天になって大盤振舞い、いつの間にやら手もとには、カラの財布だけが残っていることも。不動産や貴金属に投資して、堅実な利殖をすればかなりの財を残せる人です。

〔十　代〕苦学力行のとき。若いうちの貧しさは将来のこやしになります。

〔二十代〕離婚で大金を失う不運が訪れる人もあります。また、ギャンブルや投機も凶。

〔三十代〕無計画な浪費や、借金をしなければ、それなりに安定した経済状態を保てます。

〔四十代〕実力者の引き立てより、大きなマネーチャンスを得るとき。果敢にチャレンジ。

〔五十代〕思わぬ災難にあうが、希望を失わなければ力強く立ち直れます。

〔六十代〕金の使い方を考え直す必要あり。入金がそれほど多くないのだから、出金もおさえて。

★澤山咸生まれ

このタイプは、一生衣食に困ることはなく、一時的に落ち目になることがあっても、必ず盛り返すことができます。努力をすればするだけ恵まれ、堅実な中に潤いのある暮らしをすることができるでしょう。

〔十　代〕学生らしいアルバイトに精を出せば、金ばかりでなく貴重な経験も得られます。

〔二十代〕思わぬ大金が舞い込むが、ギャンブルや株式投資に熱を出して、無一文になることも。

〔三十代〕火災など不慮の災難に出あいやすいが、一方、アパート経営などで不労所得も入る。

〔四十代〕金運は下降しますが、知人から多大の援助が得られます。

〔五十代〕人を信用しすぎると、痛い目にあいます。

〔六十代〕ぜいたくな生活とはいえないまでも、人並の暮らしはつづけられます。

★澤地萃生まれ

最高級の財運に恵まれています。無一文から身を起こし巨万の富を手に入れる人。経済界での立志伝中の人物に多いタイプです。この強運も、自身の不断の努力と、同伴者の熱い支援の賜物なのです。

〔十　代〕無計画な出費で、本当に必要なものがなかなか手に入りません。

〔二十代〕経済的にはまだ恵まれません。愚痴や不平ばかりで積極性が見られないからです。

〔三十代〕心機一転、巻き返しのチャンス。準備と計画さえ周到なら大運をつかみます。

〔四十代〕絶好調の金運が訪れます。事業には積極的な姿勢で臨むこと。ギャンブルは不可。

〔五十代〕一時、低迷期にあるが、不屈の闘志で持ち直し、再びラッキーチャンスに恵まれます。

〔六十代〕義理を欠くと、入るべきお金も入ってきません。財産は早目に子どもへゆずること。

★離為火生まれ

頭の良さを発揮して、経済の面でも上手に立ちまわるので、決して大損はしないタイプ。ただ人情に厚いところもあって、戻らぬことを承知で、友人に金を貸したりすることもあります。しっかりした配偶者に恵まれれば、晩年には、それなりの財産を得る人です。

〔十　代〕コツコツと貯蓄にはげむ時期。

〔二十代〕親の財力に頼ってはいけない。また、無計画な借金は破滅の道に通じます。

〔三十代〕ギャンブルや投機は控えるべきとき。手に職をつけておけば吉。

〔四十代〕まわりによい人材が集まっています。信頼して共同事業をやれば大金をつかみます。

〔五十代〕資金の運用面に難点あり。慎重の上にも慎重を期すこと。

〔六十代〕過去の栄光にしがみついていては、実質的な収入増は望めません。

★火天大有生まれ

若い頃はそれほどでもないが、年をとってから、それも晩年近くに大きなラッキーチャンスに恵まれます。仕事に対する誠実な取り組みと、つつましやかな生活ぶりが天に通じて、思わぬ金運を得ることになるのです。


〔十　代〕仲間と共同でアルバイトをすれば、能力以上の収入が得られます。

〔二十代〕身内から遺産が転がり込みます。将来にそなえて貯蓄を。

〔三十代〕蓄えた資金を積極的に使うとき。一時の捨て金も、後で大きくふくらみます。

〔四十代〕引きつづき順調なマネーライフ。

〔五十代〕以前の投資が実を結ぶ。家族や子どもたちからの大きな協力も得られます。

〔六十代〕老後は安定。ただし質素な生活を心がけないと、意外な落とし穴が。

★火澤睽生まれ

金運は上々。とくに女性は玉の輿に乗るタイプ。それほどの努力をするわけでもないのに、不思議とツキの神様に恵まれています。ただ、人間関係に乱れが生じると自暴自棄になって散財してしまう悪い癖があります。


〔十　代〕アルバイトは無理のないものを選ぶこと。親のスネは、まだかじりがいがあります。

〔二十代〕金運は下降気味。今、身につけた技術や知識は、将来の金運を開くカギとなります。

〔三十代〕進退のケジメをつけるとき。思いきりさえよければ、新事業でも成功します。

〔四十代〕金運は上昇期にあるが、あまり欲が強すぎると思わぬ落とし穴が待っています。

〔五十代〕互助の精神で向かえば、思わぬ金を得ることになります。

〔六十代〕家族との反目あり。財布は自分で管理したほうがよい。

★火雷噬嗑生まれ

いろんな所で頑張っているわりには、なかなか金運に恵まれないタイプ。行き当りばったりの計画性のなさが原因です。事業をやる際には、よほど賢いパートナーを持たない限り、失敗してしまうでしょう。晩年には、思わぬラッキーチャンスがめぐってきます。

〔十　代〕マネーチャンスには恵まれません。

〔二十代〕金運が不調だからといって、一発勝負に出てしまうと、いっそう泥沼に陥ります。

〔三十代〕アイディアを生かせば、金運は上向いてきます。

〔四十代〕金運は上昇期。成功者のアドバイス通りに動けば、能力以上の蓄財も可能。

〔五十代〕堅実な働きぶりが実を結んで、揺ぎない財力を身につけます。

〔六十代〕油断は禁物。ワンマンな態度に出ると、金は目減りしていきます。

★火風鼎生まれ

経済面での計画性に欠けるところがあります。順調な間はよいが、運勢が傾きはじめると、無計画な借金や、自暴自棄の散財をしがちな人です。というのも、金はどこからか湧いて出てくるものさ、というふうに考えてしまう甘さが、あなたにはあるからです。


〔十　代〕経済力のある異性の恋人に恵まれます。頼るばかりでなく、自立の準備を。

〔二十代〕資格を取得しておけば、安定した収入に恵まれ、後の飛躍への貯えもできます。

〔三十代〕雌伏の時期。甘い話に乗って軽率な行動をとると致命傷を負います。

〔四十代〕成功者のアドバイスに素直に従えば、ラッキーチャンスに出あえます。

〔五十代〕計画性のなさが、各方面に悪影響を及ぼします。財布のヒモはしっかり締めて。

〔六十代〕過去の失敗を反省し、堅実さを取り戻せば、それなりの財産を残せます。

★火水未済生まれ

正直の頭に神宿る。あなたの実直で真面目な働きぶりは、金銭面でも必ず報いられることでしょう。ただし、パートナーに派手な見栄っ張りを選ぶと、分不相応な暮らしぶりをして自滅してしまうこともあります。

〔十　代〕将来の目標をはっきりと決めて、コツコツと貯蓄しておくとき。

〔二十代〕金運は上々。若くして家を建てたり、マイカーを手に入れたりできます。

〔三十代〕金運は引きつづき好調。不動産、貴金属などへの投資を。

〔四十代〕盗難や災難で経済的に大きな損失を受ける危険性があります。

〔五十代〕会社経営、商売、投機などすべて順調。

〔六十代〕ギャンブルや株で失敗することも。事業は早目に子どもたちに任せて吉。

★火山旅生まれ

金運がどうのこうのいうよりも、はなから金銭には頓着しないタイプ。有金はたいて旅に出かけたりすることがあり、当然、お金が貯められる人ではありません。貧乏もまた楽し、と思いつづけるのならばそれでよいが、無計画な借金で他人に迷惑をかけぬこと。

〔十　代〕充足ということを知らなければ、金運に見離されます。

〔二十代〕一定の収入で切りもりする工夫を。借金、ギャンブルいずれも不可。

〔三十代〕金運にわかに上昇。ただし有頂点になって、手を広げすぎると致命傷を負います。

〔四十代〕貯えた資金を利用して堅実な商売をすれば、予想外の収益があげられます。

〔五十代〕金運が下降します。財産保持に心をくだくとき。

〔六十代〕金は徐々に目減りしていきますが、生活には困りません。子どもたちに公平な分配を。

★火地晋生まれ

中年になって、にわかに金運に恵まれる人。それも若い頃からの地道な努力のおかげです。たとえ、一時的に貧しい時があっても、将来への遠大な計画を変更することなく、着実に精進していくタイプです。


〔十　代〕家庭の経済状態はおもわしくありません。家業を手伝って再興を計ること。

〔二十代〕倹約して質素な生活をつづけてきたかいがあって、まとまったお金を手にします。

〔三十代〕親類から遺産が舞い込む人もいます。金の使いみちは周囲の人と十分に相談をして。

〔四十代〕大儲けと大損を繰り返すとき。多角経営などで損害を最小限に喰い止める努力を。

〔五十代〕今までの経験や、専門の知識が大いに役立ちます。勇気をもって進むとき。

〔六十代〕初心を貫徹すれば、相当の財産を残すことができます。

★震為雷生まれ

何年かに一度、突然の幸運に出あう人。あまりに突然すぎて、せっかくのラッキーチャンスを取り逃がしてしまうこともあります。投機やギャンブルにも、めっぽう強い時期がありますが、本来は堅実に進むべきタイプです。

〔十　代〕女性はお金持ちの御曹子に見染められる幸運あり。男性は堅実を心がけて。

〔二十代〕ラッキーなとき。事業からギャンブル・投機まで、かなりの冒険をしても乗り切れる。

〔三十代〕経済面ではまさに充実のとき。基礎を築けば多角経営で一財産を得ることができます。

〔四十代〕たんに私欲の追求のみにとらわれず、礼と道理を重んじて進めば大成します。

〔五十代〕事業の拡大は凶。子どもたちへの配分や社会への還元を考えるとき。

〔六十代〕老後は安定します。

★雷天大壮生まれ

事業欲旺盛で、また金儲けもなかなかに上手な人です。緻密さに欠けるうらみがあるので、せっかくの財産を思わぬことで減少させてしまうこともあります。不動産の購入など、堅実な貯蓄法を忘れてはなりません。

〔十　代〕好きなことをつづけているうちに、それが本職になり、相当の収入も得られます。

〔二十代〕思わぬ大金が舞い込む運気あり。半分は貯蓄、半分は投機にまわして吉。

〔三十代〕困難な時期だが、初志をつらぬけばツキの女神が微笑みます。

〔四十代〕慎重の一手に徹すべきとき。ギャンブル、投機、新しい事業など、いずれも失敗。

〔五十代〕日頃の努力が報いられます。目標は中程度に止めておくとよいでしょう。

〔六十代〕油断すると金運が凋落し、老後の生活に不安な影がさしてきます。

★雷澤帰妹生まれ

全般に、金銭運には恵まれないタイプ。せっかく築き上げた財産を災害や離婚などで失ってしまうこともあります。投機やギャンブルには、手を出してはいけない人。ひとえに堅実な生活に心がけなければ、まわりの人にも迷惑をかけてしまいます。

〔十　代〕効率のいい仕事にめぐりあえます。創意工夫をすれば、かなりの収入になります。

〔二十代〕お金の使い方でつまずくとき。格好をつけて分不相応な生活をしがちです。

〔三十代〕損得を考えず仕事に精進していれば、ツキの女神が微笑みます。

〔四十代〕書画、骨とう、貴金属への投資で、大金を得る運気あり。ただしすべて自己資金で。

〔五十代〕離婚で経済的破碇をきたす危険性があります。事業は多角経営に手を出すと失敗。

〔六十代〕比較的穏やかな生活を営みます。子どもには財産をすべて預けてよいでしょう。

★雷火豊生まれ

金運にはまずまず恵まれているほうです。ちょっとガッチリ型のところがあり、他人からはけちん坊と思われているかもしれません。ムダ金をつかう必要はないが、ときには財布のひもをゆるめてみる余裕をもつこと。


〔十　代〕家庭の経済状況はかんばしくありません。自立の道を頭にいれて進路選択を。

〔二十代〕友人らとの共同事業で幸運をつかみます。若くしてビッグマネーをつかむ人も。

〔三十代〕金運に好不調の波あり。最低の生活にも耐えられる気持があれば飛躍のチャンス。

〔四十代〕金のみでなく、地位も名誉も得る充実期。社会への還元も考慮すればさらに幸運が。

〔五十代〕盛運にかげりが見られます。早目に後進に道をゆずること。

〔六十代〕過去の栄光にとらわれず、謙虚な姿勢で臨めば財産はいつまでも残ります。

★雷風恒生まれ

金銭的には恵まれたタイプですが、いささかお金にふりまわされてしまうところがあります。もともと平凡な生活は望まない人なので、株や債券などに手を出して、イチかバチかの勝負に出てしまいがちです。

〔十　代〕マネーチャンスには恵まれません。アルバイトと学業の両立は不可。

〔二十代〕スペシャリストの道を歩めば、かなりの収入が得られます。仕事を拡げすぎると凶。

〔三十代〕友人らとの共同事業を開始するチャンス。ただしそれぞれの力量にあわせた仕事を。

〔四十代〕金運は下降気味。とくに性悪の異性につかまると身ぐるみはがされることもあります。

〔五十代〕経験を生かせる仕事について、安定した収入が得られます。

〔六十代〕過去の貯えで悠々自適の生活がおくれます。

★雷水解生まれ

宵越しの金は持たない人。サッパリと使い果たしても意に介せず、何とかなるさとのんびり構えています。その恬淡さが幸いしてか、金がなくなれば不思議にどこからか福音がもたらされ、それなりに暮らしていける人です。


〔十　代〕親の遺産などが入って、優雅な暮らしが営めます。

〔二十代〕引きつづき金運はよいが、使いみちに難点があるので身につきません。

〔三十代〕人に恵まれれば絶好調。つまらぬ人間と手を組めば奈落の底へ。

〔四十代〕チャンスは多くやってきます。奮起一番、決断してかかれば大きな幸運をつかみます。

〔五十代〕子どもが出世して、金銭面での世話をやいてくれます。

〔六十代〕せっかくの財産をダマしとられる不運に出あうこともあります。財布の管理は自分で。

★雷山小過生まれ

それほど恵まれた金運は持ち合わせていないのに、倹約にはげんで憂いのない暮らしのできる人。ただ倹約に腐心するあまり、金銭面で他人に対して礼を失することもあります。見返りを期待すべきではないが、他人のために使ったお金は、後で必ず生きてきます。

〔十　代〕進学や就職のコース選択の際は、夢よりも実を取る方向で。

〔二十代〕自分を忘れて派手な生活で身をもちくずす人も。ひたすら堅実に徹すること。

〔三十代〕人に恵まれれば金運も急上昇。共同事業も吉。

〔四十代〕捨てたと思っていた金が思わぬところで生きてきます。使いみちは家族に相談を。

〔五十代〕火災など不慮の災難で財産を失うこともあります。しかし、巻き返しも早いでしょう。

〔六十代〕倹約がすぎて、嫌われます。人のために金をつかえば、結局自分もプラスに。

★雷地豫生まれ

仲間との共同事業などで成功をおさめる人。地味ながら、なかなかの努力家なので、小さなチャンスを逃がさずにとらえつづけ、いつの間にか、かなりの財産を築き上げていきます。女性はヤリクリ上手のしっかり型の奥さんになります。

〔十　代〕遊び仲間から、互いに利益になる仲間への脱皮の時期。資格取得はいまのうちに。

〔二十代〕趣味が意外な面で金儲けを呼びます。

〔三十代〕芸能や文化事業など、人を楽しませるような事業で自らも潤う。

〔四十代〕共同で商売をやれば吉。緻密なパートナーなら、予想外の大成功をおさめます。

〔五十代〕事業の拡大は考えないほうがよい時期。とくに銀行からの多額の借り入れは凶。

〔六十代〕仕事からは手を引いて、自適の生活を。財産の管理は身内に。

★巽為風生まれ

人柄がよいせいか、せっかくのチャンスも他人にゆずってしまって、馬鹿をみるタイプ。そのくせ始終金が欲しいと願っているのだから不思議な話です。金は危いところにある、ということわざもあります。欲しければ火中の栗を拾う勇気をもつことです。

〔十　代〕日頃は倹約し、本当に必要なものに大きく使うこと。ビッグマネーにも恵まれます。

〔二十代〕友人らとの共同事業で金をつかみます。決断すべきときはキッパリと。

〔三十代〕借金、ローンに要注意。自己資金を活用して未知の分野に進出すれば思わぬ幸運も。

〔四十代〕ライバルの妨害や、社会状況の変化で急激に経済状態が悪化します。

〔五十代〕進退を明らかにしなければ、事業はいよいよ苦況に陥ります。

〔六十代〕波瀾のときがすぎて、安定期に入ります。思わぬ大金が舞い込む運も。

★風天小畜生まれ

小畜すなわち小さく蓄えること。質素倹約を旨としながら貯蓄にはげみ、やがてそれ相当の財産を手に入れる人です。ただ、大きなチャンスが訪れるとこわくなって逃げ出してしまうところもあります。大金を得たければ蛮勇をふるって好機を逃がさぬように。


〔十　代〕手に職をつけておくとき。将来必ず役に立ちます。

〔二十代〕男性は内助の功の恩恵を受けます。女性は自ら働いて小金を貯めるチャンス。

〔三十代〕捨てたつもりの大金が、思わぬところから戻ってくる。金運は上昇気流に乗るとき。

〔四十代〕近しい人との間で金銭上のトラブルに巻き込まれる。一歩下がれば大損はしません。

〔五十代〕堅い商売に転職するチャンス。決めたら勇断をもって進むこと。

〔六十代〕アパート経営や、株の配当などで老後の不安は解消します。

★風澤中孚生まれ

あなたの金運のカギを握るのはパートナー。共同経営者が堅実派であれば事業は大成功。また、配偶者に経済感覚の優れた人を選べば、家運は隆々です。男女ともに、性悪な異性にダマされて財産を失う危険性をはらんでいます。

〔十　代〕親の暖かい庇護のもとで恵まれた学生生活です。アルバイトは短期集中型のものを。

雷地豫生まれは共同
事業で成功する。

風天小畜生まれは質素倹約で貯蓄型。

〔二十代〕転職を繰り返したりして、金が身につかないとき。一発勝負は無理。

〔三十代〕性悪女（男）につかまってスッテンテン。入金は多いのだから、異性問題には要注意。

〔四十代〕経済に明るく、誠実なパートナーにめぐり合って金運は上昇します。

〔五十代〕ローン、サラ金に手を出せば必ずマイナス。ギャンブルも避けたほうが無難。

〔六十代〕貯えた財産で、悠々自適の生活がおくれます。

★風火家人生まれ

金運は中程度。男性ならば事業家やギャンブラーには向かず、典型的なサラリーマンタイプ。ぜいたくはできないが家族を飢えさせたりすることはまずありません。女性は、一定限度の収入で家計を上手に切り盛りする良妻タイプです。


〔十　代〕金運はあまりよくない。アルバイトで得た金をつまらぬことで浪費してしまいます。

〔二十代〕借金をするなら身内にとどめること。サラ金やローンに手を出すと大失敗。

〔三十代〕金運は徐々に上昇中。次の飛躍のために、コツコツと資金づくりをするとき。

〔四十代〕家族や友人と共同して事業を起こす絶好期。人の和さえ保てば成功間違いなし。

〔五十代〕引きつづき金運は順調だが、新規の仕事には手を出さないほうが無難。

〔六十代〕人の保証人になって泣きをみる人も。早目に後進に道をゆずること。

★風雷益生まれ

金運は上々。利益をひとりじめせず、みんなのために貢献しようという気持をもてばさらに吉。目上の人からの引き立てにあずかり、能力以上の力を発揮して、経済面で大成功をおさめるタイプです。


〔十　代〕そこそこに恵まれた家庭環境。親の経済能力以上のものを望まないこと。

〔二十代〕不遇のときですが、今日の苦難は必ず明日のために役立ちます。

〔三十代〕私欲の追求だけでなく、ひとつの信念に従って行動すれば、かえって金運は上昇。

〔四十代〕兄弟や友人と協力して事業を起こすチャンス。とくに成功者の言に従えば大吉。

〔五十代〕無理を通すと、後で泣きを見ます。営利を求めるのもほどほどに。

〔六十代〕金運は充実します。人に金をまかせて事業をやらせるのもよい。

★風水渙生まれ

波瀾に富んだ金銭運です。他人の保証人になって裏切られたかと思えば、思わぬ人から暖かい援助の手がさしのべられたり、反対に事業で大儲けしたかと思えば、不慮の災難で全財産を失ってみたり。ただ、本来的には強運の人ですから、最後にはツキの女神が微笑むことでしょう。

〔十　代〕無計画な浪費ばかりを繰り返して、お金が身につきません。

〔二十代〕金銭問題で人とトラブルを起こします。親友であっても貸借は慎むこと。

〔三十代〕金運好調。事業で大儲けします。転職脱サラにも適した時期です。

〔四十代〕災難や、経済的損害に何度も出あいながら、不思議に救われる悪運の強いとき。

〔五十代〕安定期。不動産や、貴金属などに投資すれば大きな利潤を得ます。

〔六十代〕蓄積した財産と、出世した子どもの援助で、老後は充実した経済生活がおくれます。

★風山漸生まれ

若いうちはそれほどでもないが、中年頃からツキの神様が微笑むことになります。とくに、手に職のある人や、趣味の分野で一芸に秀でた人は、長い精進が報いられてビッグな金運に恵まれることでしょう。


〔十　代〕少額でも金銭の貸借は不可。背伸びをしていると泣きをみます。

〔二十代〕スペシャリストの道を歩めば、人並以上の収入があります。独立志向ならなお吉。

〔三十代〕我を張るととんでもない大損失。流れにさからわず、柔軟な資金の運用を。

〔四十代〕金運は最高のとき。貯えた財産を投資して、積極策で大成功をおさめます。

〔五十代〕引きつづき好調。各分野の成功者の言に従えば、さらに上昇運にのれます。

〔六十代〕恵まれた老後ですが、金運は下降気味。大儲けはたくらまぬこと。

★風地観生まれ

収支のバランスをとるのが下手な人です。あれこれ計画を立てるが、実行力がともなわないので、いつも計画倒れ。たまにまとまったお金が入っても、運用するのが下手なので、いつの間にやら雲散霧消していたなどということも。


〔十　代〕アルバイトには、将来の仕事に役立つものを選ぶこと。

〔二十代〕無計画に浪費してしまいがち。結婚を期に心機一転して、堅実な暮らしをするように。

〔三十代〕大金持ちと結婚（または再婚）する運気あり。

〔四十代〕事業運が徐々に上向いてきます。人心をつかめば大成功の道も開けます。

〔五十代〕思わぬ大金が舞い込みます。ただし、使いみちを誤ると致命的な事態に。

〔六十代〕トラの子の金をダマしとられる不運に出あうことも。親しい人でも金は貸さないこと。

★坎為水生まれ

無理を承知で頑張ってはいるが、なかなか金運に恵まれない。働けど働けど我が暮らし楽にならざり、というところでしょうか。計画を立て直して、別のルートで山登りをしてみましょう。意外なところに、金の成る木が生い茂っているかもしれません。

〔十　代〕家庭の経済は困難な状態にあります。親に甘えず、早く自立の道を見つけること。

〔二十代〕ローン、サラ金などに手を出すと痛い目にあいます。

〔三十代〕質素な生活をおくり、時間をかけて将来の設計をすれば必ず芽が出ます。

〔四十代〕まだ動くときではない。少しずつでも財力を貯えて、チャンスをうかがうとき。

〔五十代〕金運が上昇気流に。段階をふみながらも、積極果敢にアタックして幸運を。

〔六十代〕晩年、最高の経済運に恵まれます。ただし性悪女（男）には、くれぐれも注意。

★水天需生まれ

せっかくのラッキーチャンスを逃がしてしまうことの多い人。人がいいというのか、金銭に淡白というのか、ともかく金運から自ら遠ざかってしまうのです。万事金の世の中というのではないが、少しは執着してみてはいかが。


〔十　代〕家庭の経済環境は良好です。実力を確実に養っておくこと。

〔二十代〕手に職をつけておけば金運は上昇。ザルのように金を使ってはいけない。

〔三十代〕住宅ローンやサラ金でつまずく危険性あり。有能な人の指示に従って。

〔四十代〕一発勝負を考えていると大失敗します。

〔五十代〕思わぬ援助者が現われます。金運は生涯最高のときです。

〔六十代〕子どもが出世して、自分が豊かになるとき。金は貸さぬほうが賢明です。

★水澤節生まれ

金運は中程度。何ごとにも節度を守る人なので、収支のチェックも厳しく、したがって安定した生活が得られます。アパート経営などには最適で、利益は薄いながら着実に財産を増やしていきます。


〔十　代〕小づかい稼ぎのアルバイトには不自由しません。賢い先輩に従って吉。

〔二十代〕結婚相手に金づかいの荒い人を選んでしまう危険性あり。

〔三十代〕分相応の暮らしの中から、少しずつ貯蓄をしていくとき。住宅ローンは利用してよい。

〔四十代〕積年の努力が報いられるとき。事業投資、ギャンブル、いずれも積極策で幸運を。

〔五十代〕金運はやや下降気味に。守りに徹するとき。

〔六十代〕子どもが出世して、自分も豊かな生活ができます。

★水火既済生まれ

若いうちからビッグマネーを身につける人。金銭に対しては犬のような嗅覚と、蛇のような執着心を持っている人です。ただし、身につけた金をつかうのがヘタなタイプ。のぼせ上がって遊興に狂ってしまったり、無計画な投資をしてしまいがちです。
〔十　代〕学問や技術の習得にお金を使うべきとき。ムダと思えることでも後に必ず生きてくる。

〔二十代〕足が地についた貯蓄法を。ギャンブル、投機、新事業の開始などいずれも凶。

〔三十代〕金は入ってくるが身につかない。倹約につとめ、少なくとも損失は防ぐこと。

〔四十代〕高望みをして失敗する運気。分相応な経済生活をおくるなら、金運は徐々に上昇。

〔五十代〕事業の拡大はつまずきのもと。自己資金で、小さな商売をすると成功。

〔六十代〕老後は比較的安定した生活が営めます。

★水雷屯生まれ

それほど金運には恵まれていない人なのに、ちょっと背伸びをしてしまう傾向あり。蟹は甲羅に似せて穴を掘るもの。分相応の暮らしに心がけて、地道に蓄財をつづけることが肝心です。人からの借金もほどほどに。


〔十　代〕火事や災害の危険性大。気を引きしめて将来の設計を。

〔二十代〕堅実な貯蓄に心がけるとき。甘い話に深入りは禁物です。

〔三十代〕友人らと共同経営をすれば成功する。思いきった資金運用を。

〔四十代〕専門の知識や資格を生かして、独立するチャンスに恵まれます。

〔五十代〕一発勝負は無理。借金も分相応にしなければ泣きをみます。

〔六十代〕入金も多少あるが身につかない。清貧に甘んずるほかありません。

★水風井生まれ

じっくり待って幸運を得る人。派手な生活を嫌い、小銭もおろそかにしないタイプ。チリも積もれば山となる、というわけで中年過ぎにはそれなりの蓄財を成しとげます。また、お金の生かし方を心得ている人なので、事業を起こしたり、大きな投資をしたりするのにも向いています。


〔十　代〕レジャーや、旅行で浪費しがち。頭を使うアルバイトに吉運あり。

〔二十代〕親友といえども、金の貸し借りは十分な配慮を。入金は順調です。

〔三十代〕頼もしいスポンサーに恵まれます。思いきって全面的に支援をあおぐこと。

〔四十代〕金運最高潮。ひとつにとどまらず、各方面の仕事に手を出しても大丈夫。

〔五十代〕財産は公平な分配に心がけること。どん欲なばかりでは、大きなマイナスを招きます。

〔六十代〕過去に投資した金が、今になって生きてきます。

★水山蹇生まれ

努力の不足を棚にあげて、我が身の不運を嘆くタイプ。したがって、いつまでたってもラッキーチャンスにめぐりあえず、金銭的には不遇をかこう人です。何かのキッカケがあれば、一躍金満家になれる素質も持っているのですが……。

〔十　代〕先輩や知人の仕事を手伝うと、予想外の入金あり。

〔二十代〕倹約しても金が貯まらない。かといって、一発勝負もできない、不遇のとき。

〔三十代〕機の熟するのを待って、一挙に勝負に出るとき。ただし周到な準備を忘れぬこと。

〔四十代〕金運は中程度。収支のバランスをほどよく保つようにしておけばよい。

〔五十代〕勤勉が結実する。得た金は次の事業の運転資金となります。

〔六十代〕手堅く守りの姿勢を保つとき。

★水地比生まれ

バランスのとれた柔軟な思考方法が経済面でも発揮されます。入金、出金のバランスをほどよくとって、たくみに貯蓄にもまわす人。資金の運用も上手なので、堅実なパートナーに恵まれれば事業家としても成功できるタイプです。


〔十　代〕将来にそなえてコツコツ貯蓄しておくこと。

〔二十代〕波瀾の時期。最低の時を頭において、できるだけの蓄えをしておきましょう。

〔三十代〕予想外の大金を手にします。資金運用の際には専門家に相談すること。

〔四十代〕蓄えた資金で勝負に出てもよい。目上、目下を問わず人材にも恵まれます。

〔五十代〕盗難にあう危険性あり。ひとりで大金を管理しないほうがよい。多角経営は吉。

〔六十代〕老後は安定。子どもたちに公平な財産の配分を。

★艮為山生まれ

特殊な技能や資格を身につけて、経済的にはきわめて恵まれるタイプ。ときに、さらに大儲けをしようと一発勝負に出ることがあるが、これはなかなか成功しません。安定した収入を確保して、確実な将来の設計をすることが大切です。


〔十　代〕不遇のとき。若いうちの苦労は必ず報われます。資格の取得を。

〔二十代〕特技、趣味を生かした職業で高収益をあげられます。手堅く貯蓄にまわすこと。

〔三十代〕一発勝負に落とし穴あり。石橋を叩いて渡っても川に落ちる。辛抱のとき。

〔四十代〕口舌の輩と手を組んで痛い目にあいます。安物買いで損をするとき。

〔五十代〕新規の事業はことごとく失敗。体験を生かして専門分野で頑張れば吉運に出あいます。

〔六十代〕思わぬ人からの援助で、金銭的には不自由しません。

★山天大畜生まれ

大畜すなわち、大きく蓄えること。分不相応の蓄財を試みて、結局それほどの財をなすことはできません。人脈をつかみ、互いに協力しあって精進すれば、いずれラッキーチャンスに恵まれます。

〔十　代〕可もなし不可もなし。遊び癖をつけてしまうと、将来金運に恵まれません。

〔二十代〕堅実さに欠ける時期。一発勝負をするには機が熟していません。

〔三十代〕専門知識や、特殊技能でかなりの臨時収入が得られます。

〔四十代〕コツコツと努力をつづければ、それなりの見返りがあります。多額の借金は禁物。

〔五十代〕実績の上に立った信用を利して、新たな飛躍を試みるとき。

〔六十代〕総決算の時期。利益の薄い部分は思いきって、切りすてること。

★山澤損生まれ

若い頃は、金は入ってくるが身につかないタイプ。長じて、ひとかどの財産家と呼ばれるようになりますが、あなたは自分のためだけに金を使おうとはせず、家の子郎党をはじめ、広く社会に対してまで還元していこうとする人です。


〔十　代〕入ってきたお金は、将来のためになることに使うこと。貯め込むばかりではダメ。

〔二十代〕友人らとの共同事業に幸運あり。ただ、利益の分配は慎重に。

〔三十代〕借金はしないこと。とくに多額の銀行ローンなどでは、自分の首をしめかねません。

〔四十代〕天佑神助を信じて、果敢に進むべきとき。

〔五十代〕金のひとり占めはかえって損を招きます。社会への還元も考えること。

〔六十代〕不動産の取得や、アパート経営に幸運があります。

★山火賁生まれ

虚栄心が強く、一流品好みの人。他人には金まわりのよい華やかな人と映っているが、実は台所は火の車。衣食住では、衣に最もお金をかける人。インスタントラーメンを食べながら、グッチのハンドバックを下げているようなタイプ。

〔十　代〕お金持ちのボーイフレンドやガールフレンドに恵まれます。

〔二十代〕堅実に貯蓄していくとき。複眼思考で各方面に目を向けておくとよい。

〔三十代〕趣味を生かしてサイドビジネスを始めれば成功します。

〔四十代〕書画、骨とう、貴金属には大金を投じてもよいとき。生活は質素を旨とすること。

〔五十代〕金運はそこそこ順調。背伸びをすると失敗します。

〔六十代〕経験を生かして、専門分野のコンサルタントなどで小金を得ます。

★山雷頤生まれ

金はあっても使いみちを知らない人。いわば宝の持ち腐れ。パァーッと浪費したかと思うと、必要以上に倹約してみたりします。事業家の二代目、三代目に多いタイプで、慎重を期さないと、身代をつぶすこともあります。自重すれば中年以降は、金運に恵まれます。

〔十　代〕衣服に金をかけたり、遊びに熱中したりで散財するとき。

〔二十代〕コツコツと貯蓄をつづければ、将来の飛躍のための資金づくりができます。

〔三十代〕目上や目下に格好の人材を得て順調な仕事ができ、それにともなってかなりの収入も。

〔四十代〕金の使い方に乱れが生じる。何事につけ常識をわきまえれば、大失敗は避けられます。

〔五十代〕チャンス到来。果断をもって進むとき。

〔六十代〕晩年は、不思議なくらい金運に恵まれます。

★山風蠱生まれ

根がなまけ者なので、なかなか金運には恵まれません。必要にせまられないと、腰をあげようとしない。応援してくれる人がいる間はよいが、一人立ちしなければならなくなると、相当の苦労を強いられるタイプです。

〔十　代〕遊び呆けてばかりではダメ。堅実型の友人を選ぶことです。

〔二十代〕親が事業に失敗して、そのシワ寄せが来ます。上手に処理すれば必ず上昇気流に。

〔三十代〕ひたすら自重のこと。不遇は天が与えた試練と考えること。

〔四十代〕ガマンと精進が実を結んで金運は隆盛に。多角的な経営が幸運を呼びます。

〔五十代〕安定期。幅広い視野に立った経済計画を。

〔六十代〕ささやかな暮らしぶりながら、金に困ることはありません。

艮為山生まれは特技や資格のおかげで金に不自由しない。

山火賁生まれは一流好みだが台所は火の車。

★山水蒙生まれ

無計画な浪費型。金は天下のまわりものなどとうそぶいている間に、二進も三進も行かなくなってしまいます。額に汗して稼いだ金ならば、そうそうムダづかいはできぬはず。真面目に働けば、チャンスは向こうからやってきます。


〔十　代〕親や友人との話し合いが肝心。独断専行は大損につながります。

〔二十代〕友人らとの共同事業は慎むこと。個人の力を貯えるとき。

〔三十代〕賢明な指導者に従うこと。金は借りられても返す当てがなくなるとき。

〔四十代〕専門分野で大金をつかむチャンス。ただし派手な生活を始めると台無しに。

〔五十代〕知人から意外な朗報がもたらされます。調子に乗らず、周到な計画を立てれば吉。

〔六十代〕質素な生活を心がけなければ、あっという間に財産は減少します。

★山地剝生まれ

物欲旺盛で、少々手荒いことをしてでも、金儲けをしようとする人。ツボにはまれば、相当の財をなすことができるが、調子が狂うと身ぐるみはがれてスッテンテン。株や、ギャンブルに後先かえりみずにつぎこむタイプです。

〔十　代〕友だちと金銭の貸し借りはよくありません。アルバイトはからだをつかうものなら吉。

〔二十代〕配偶者に堅実な人を得れば、ツキがまわってきます。ギャンブルは絶対に避けること。

〔三十代〕離婚や病気で、金銭的に恵まれない時期。とくに女性は、アンラッキーがつづきます。

〔四十代〕家族、同僚の協力があって、仕事の上で大きな成功をおさめ、大金をつかみます。

〔五十代〕精進が実って、予想外の収入を得るようになります。

〔六十代〕気を引きしめてかからないと、せっかくの財産が、どんどん目減りしていきます。

★坤為地生まれ

コツコツと財産を増やしていくタイプ。地味で質素な生活にも耐えられます。貯蓄した分は、不動産や貴金属に投資して、じっくり値上がりを待つ人。ただ、人づき合いのうえで金に汚ないところもみられます。


〔十　代〕堅実な貯蓄に福音あり。ひたすら守りの一手に徹すること。

〔二十代〕借金、投資いずれも凶。じっとガマンの子を決めこんだ方がよい。

〔三十代〕趣味を生かして金を得るチャンス。欲しいと思っていたものが手に入ります。

〔四十代〕再び自重のとき。耐え忍べば道が開ける。不動産や貴金属への投資は吉。

〔五十代〕お金を残すべきとき。甘言にのって、金をつぎこんではいけません。

〔六十代〕人に金を貸すと戻らぬことがある。捨てる覚悟で。老後は金に頓着せぬこと。

★**地天泰生まれ**

金運にはきわめて恵まれた人。莫大な遺産を手に入れたり、事業を起こして大成功をおさめたりするタイプです。ところが、あなたはいくら大金持ちになっても、そこで満足せず、さらに大きな財産を手に入れようとします。


〔十　代〕身内から莫大な遺産が入る運あり。女性には、大金持ちのボーイフレンドが出現。

〔二十代〕金運は突如下降期へ。意外な不運に出あって逆境にあえぐことも。

〔三十代〕比較的安定した時期だが、不動産や貴金属への投資などを始めると凶。

〔四十代〕一発勝負をしないこと。倹約して質素な生活をおくれば、ラッキーチャンスが。

〔五十代〕金運は上昇期にあり、大金をつかむこともあります。欲張ると一転して不調に。

〔六十代〕特技や専門知識を生かして、もうひと花咲かせることができます。

★**地澤臨生まれ**

坊っちゃんタイプの人が多く、金銭には淡白。お金が入っても、まるでザルのようにだらしなく使ってしまう人。堅実で計画性のあるパートナーに恵まれると、生来の運の強さを発揮して、大きな蓄財をすることもあります。

〔十　代〕進学や就職の際には、将来における安定した収入を目安にして選択すること。

〔二十代〕ギャンブルは大不調。投機も凶。

〔三十代〕他人にまかせて利益をあげてもらえます。サイドビジネスに手を出しても吉。

〔四十代〕図に乗って大失敗を演じる危険性があります。

〔五十代〕家族や仲間と心を合わせて働けば、必ず報いられるとき。

〔六十代〕子どもの仕事に対しては、金は出すが口を出さない、という態度。

★地火明夷生まれ

吉凶の差が大きいタイプ。良いときは大儲け、悪くなれば赤貧にまで落ちる人。吉のときはともかく、凶のときにじっとガマンし、ひそかに努力を怠らなければ、人もうらやむような暮らしぶりをすることができます。

〔十　代〕アイディアを使って、効率のよいアルバイトができます。

〔二十代〕熟練した技術を身につけて、水準以上の収入が得られます。

〔三十代〕人間関係のトラブルが多く、経済面にも甚大な影響が及びます。慎重な対処を。

〔四十代〕友人や、兄弟たちとの共同事業を始めるには絶好期。計画性さえあれば大成功の気運。

〔五十代〕金が貯まるにつれ、虚栄心が顔を出してきます。花より実を取る精神で。

〔六十代〕せっかく築いた財産を、火災にあったり、人にダマされて失う危険性があります。

★地雷復生まれ

非常にラッキーな人。土地を買えば、たちまち高騰し、事業に手を出せば予想外の収益をあげるといった具合です。ただし、調子に乗りすぎると、大不運にも見舞われかねない面も合わせもっています。禍福はあざなえる縄のごとし、くれぐれも自重の程。

〔十　代〕少しずつでもよいから、貯蓄の習慣を身につけること。

〔二十代〕サラ金に手を出すと泥沼に。軽はずみな転職脱サラは、絶対に成功しません。

〔三十代〕分をわきまえて、家庭生活を堅実にすれば、ツキの神様が顔を見せてくれます。

〔四十代〕一発勝負は凶。特技を生かして、安定した収入の道を得ること。

〔五十代〕借金でつまずく可能性あり。事を起こすならば自己資金で。不動産の取得は大吉。

〔六十代〕子どもたちの成功で老後は安定します。

★地風升生まれ

生活に困るようなことはないが、あまりに上ばかり見ていると、足もとをすくわれます。女性は、買い物上手で家計のやりくりも巧みです。晩年になって、大金を手にする運に恵まれますが、子どもたちの間に財産の分配をめぐって争いが起こることもあります。

〔十　代〕友人とアイディアを出しあって、効率のよい仕事に取り組めば、能力以上の入金あり。

〔二十代〕若くして成功する運気あり。失敗を恐れず、旺盛なチャレンジ精神を発揮すること。

〔三十代〕スペシャリストとしての力量がつくとともに収入も安定してきます。

〔四十代〕金運が下降してきます。派手な生活を改め、慎みと節度をもつこと。

〔五十代〕知人と語らって共同出資で事をなすのには好機。ただし借り入れ資金は最小限に。

〔六十代〕老後は金運に恵まれ、安定した暮らしがおくれます。財産の分配は公平に。

★地水師生まれ

温厚柔和な人にありがちな、金銭面でのルーズさをもっています。いわばドンブリ勘定タイプ。人の良さにつけこまれて、詐欺に引っかかってしまうこともあります。気持と財布のヒモは、しっかり引き締めること。

〔十　代〕日頃は倹約して、必要なものに大きく金をつかうとよい。目上の指示に従って。

〔二十代〕ギャンブルで大損する。また、他人の保証人になると泣きます。

〔三十代〕とくに不運の時期。ひたすら隠忍自重。

〔四十代〕他人に金をまかせて、利益をあげてもらえるとき。ただし人を選ぶこと。

〔五十代〕清貧に甘んじて、次の計画を練ること。高望みさえしなければ、金運は持ち直します。

〔六十代〕独断は禁物。金の使いみちは、家族や知人に十分相談すること。

★地山謙生まれ

金運は中程度。大金を得ることも少ないが、貧苦のどん底などということもない。そこそこに働き、そこそこの暮らしぶりをしていく人です。ただ、他人を信用しやすいたちなので、貸金を踏みたおされたり、他人の借金の肩がわりをさせられたりする危険性があります。

〔十　代〕今のうちに手に職をつけておくこと。後で必ず生きてきます。

〔二十代〕借金は、たとえ小額でも凶。自己資金をコツコツと貯める時期です。

〔三十代〕経済は安定するが、安易な金銭の貸借は自滅につながります。

〔四十代〕成功者の言に耳を傾けること。学ぶことが多ければ、それだけ夢の実現も早い。

〔五十代〕不動産、貴金属への投資に絶好期。

〔六十代〕金運はやや下降。晩年は、清貧の生活に甘んじること。

4 幸福《しあわせ》な結婚をするために〈愛情〉

この章を読むまえに

愛と結婚は、だれにとっても人生最大のテーマです。喜びも悲しみも、生きている証しのすべてがここに集約されているといってよいでしょう。ことに女性にとって、結婚が一生を左右する重要な意味をもっているのは、昔も今も変りません。

梅花心易は、人間世界のあらゆる現象に断を下すことができると、"プロローグ"で述べました。愛と結婚についても同様です。恋のゆくえ、見合いの成否、結婚の吉凶、夫婦の相性から、生まれてくる子が男児か女児かまで占断することができるのです。しかし、そのすべてについて述べることは、このスペースではできません。そこで恋愛については割愛し、結婚運と夫婦縁についてのみ占うことにしました。ただしこれだけでも、じつに三百二十四のケースがあります。

本文中、第一爻《こう》、第二爻《こう》……とあるのは、変爻《へんこう》で、あなたの生まれ月を表わします。20ページで説明しましたが、念のためにもう一度書いておきましょう。

第一爻《こう》＝一、七月生まれ　第二爻《こう》＝二、八月生まれ　第三爻《こう》＝九月生まれ
第四爻《こう》＝四、十月生まれ　第五爻《こう》＝五、十一月生まれ　第六爻《こう》＝十二月生まれ

なお、この章を読まれるにあたってあらかじめお断りしておきますが、たとえ夫婦縁、結婚運が悪くても、それがただちに不幸に結びつくわけではありません。だれの人生においても、自らの力の及ばない宿命的なものは10パーセントしかないのです。残りの90パーセントは、知恵と努力でどのようにも変化させ得るのだと申し上げておきます。

★乾為天生まれ

〔第一爻〕晩婚が吉。男女とも早く結婚すると離婚になりやすい。結婚相手は目上の人と相談して決めると、よい人と結ばれます。

〔第二爻〕夫婦仲は生涯に何度か危機になるが、努力して乗り切ることができます。

〔第三爻〕男性は家庭で暴君になりやすく、常に離婚の危険をはらんだ夫婦関係になります。

〔第四爻〕男女ともに、若いうちは苦労しますが、老後は幸福になれます。

〔第五爻〕夫婦縁に恵まれ、一生平穏で幸せに暮らすことができます。

〔第六爻〕若いうちはまあまあですが、老後は何かと苦労しがちです。

★天澤履生まれ

〔第一爻〕早婚の場合は離婚になりやすい。男性は妻の福運によって出世することができます。

〔第二爻〕夫婦の危機は何度かあるが、妻が夫を立てることで乗り切れます。

〔第三爻〕男女ともに、現状に満足できない性格なので、常に離婚の危機をはらんだ夫婦関係となります。再婚運があります。

〔第四爻〕若いときの苦労が実を結んで、晩年は幸福になれます。浮気はいずれ露見します。

〔第五爻〕夫婦縁は不安定で、ぎくしゃくした結婚生活になりがちです。

〔第六爻〕スキャンダルに用心すること。地道な努力が幸福につながります。

★天火同人生まれ

〔第一爻〕恋愛結婚は長続きしない暗示。見合い結婚が吉で、良縁は遅れて訪れます。

〔第二爻〕夫婦縁はあまりよいとはいえない。努力が必要です。

〔第三爻〕男女ともに恵まれない結婚となる傾向。女性は男性に尽くすタイプならばよいが、さもないと離婚し、自立して生きていくことになりがちです。

〔第四爻〕女性は家庭的タイプであれば幸せをつかみます。また一生お金に不自由しません。

〔第五爻〕夫婦運は平凡です。晩年は安泰で、子どもに助けられるでしょう。

〔第六爻〕男性は浮気性です。女性は忍耐が必要な結婚となるが、離婚はプラスになりません。

★天雷无妄生まれ

〔第一爻〕ゴリ押しをしなければ、すばらしい相手と結ばれます。男性は養子運があります。

〔第二爻〕若いうちは苦労も多く離別の危機があるが、何とか乗り切れるでしょう。

〔第三爻〕温厚な夫に恵まれれば幸せをつかみます。さもなければ波瀾は避けられません。

〔第四爻〕平和で円満な家庭となり、夫の出世の道も大いに開けます。

〔第五爻〕総じて女性のほうに生活力があります。夫を盛り立てそれとなく尽くせば幸福な家庭を築けるでしょう。老後は不自由しません。

〔第六爻〕女性は夫に高望みせず、平凡でも落ち着いた家庭をめざすのが幸運の秘訣です。

★天風姤生まれ

〔第一爻〕結婚は両親と親類縁者の意見を尊重すること。独断で決めたり結論を急ぐと、必ず不幸な結果を招きます。

〔第二爻〕家庭のことは家庭内で処理することが大切。トラブルを外に見せてはいけません。

〔第三爻〕何度かつらい経験をしそうですが、互いに信頼を失わなければ老後は幸せです。

〔第四爻〕心を広く持ち、夫を理解する努力が夫婦円満の鍵。

〔第五爻〕女性は夫の愛におぼれてわがままになりがちです。度が過ぎると捨てられます。

〔第六爻〕男性は暴君になるが、妻にそれを包みこむやさしさがあれば案外うまくいきます。

★天水訟生まれ

〔第一爻〕早婚には波瀾が多いでしょう。男性は妻の内助の功に恵まれ、出世運があります。

〔第二爻〕見合い結婚が吉。離婚の危機があっても互いの愛を見失うことはありません。

〔第三爻〕若いときの苦労が報われ、中年以降に幸せが訪れます。

〔第四爻〕第三者との愛情問題が生じる暗示。決断が必要ですが慎重に。いつまでも迷っているとよい結果にはなりません。再婚運あり。

〔第五爻〕夫運がよく、女性は生涯の幸福が約束されています。

〔第六爻〕不本意な結婚を強いられるが、明るさを失わなければ、よいこともあります。

★天山遯生まれ

〔第一爻〕晩婚運。親類からの見合い話に良縁があります。

〔第二爻〕自分の気持に正直に生きれば幸福になれるでしょう。しかし真心を忘れないように。

〔第三爻〕不満の多い性格なので、うまくいっているときはよいが、ひとつ間違えば破局がきます。自分を押え夫を理解することが家庭円満の鍵。

〔第四爻〕グチをこぼしながらも別れられない腐れ縁になりがち。素直さが大切です。

〔第五爻〕妻が誠実に尽くすなら、平和で豊かな家庭となります。

〔第六爻〕一攫千金を狙わず、コツコツと堅実に生活すること。老後は安泰です。

★天地否生まれ

〔第一爻〕野心を持つことは大いに結構。ただし焦らないこと。男性は養子運があります。

〔第二爻〕見合い結婚が吉。少しばかりの波瀾があっても無事に乗り切れます。

〔第三爻〕浮き沈みの激しい人生で、いつも現状に満足できず夢を追いつづけるでしょう。夫婦どちらかに堅実な生活態度が必要です。

〔第四爻〕平穏な夫婦縁ではないが、互いにいたわりの気持があればなんとか続きます。

〔第五爻〕いつも夫を引っ張っていく積極性が必要です。夫婦運は平凡。

〔第六爻〕けんかの絶えない夫婦関係になりがちです。互いに理解し合う努力が大切です。

★兌為澤生まれ

〔第一爻〕離別の危機があるとすれば、妻のほうに問題があります。心を広くし、夫の仕事や交際を理解するように努めることが大切。

〔第二爻〕女性は夫運に恵まれます。わがままにならなければ家庭は円満です。

〔第三爻〕不満の多い結婚生活ですが、夫を包みこむ包容力があれば乗り切れるでしょう。

〔第四爻〕結婚は目上の人の意見に従えば吉。男性はよい妻を得て出世します。

〔第五爻〕見栄をはらず誠実な生き方を心掛けるなら老後に幸福が訪れます。

〔第六爻〕お見合いの話は相手をよく調べて慎重に。うまい話には落とし穴があります。

★澤天夬生まれ

〔第一爻〕男女とも浮気性で、そのため常に家庭内がゴタゴタします。しかし離婚に至ることは少ないでしょう。晩婚吉。

〔第二爻〕夫婦縁はあまりよくなく、不和に悩みがちです。男性のほうに努力が必要。

〔第三爻〕けんかの絶えない夫婦生活です。妻が夫を立てるよう努力すること。

〔第四爻〕夫婦間に危機はあるが、目上の人の意見を素直にきけば避けられます。

〔第五爻〕平穏ですが生活に起伏がありません。趣味に生きる工夫を。

〔第六爻〕妻のわがままが原因で別れ話も。幸福に甘えず心を慎めばさらに大きな幸せがきます。

★澤火革生まれ

〔第一爻〕人の出入りの多いにぎやかな家庭となります。ただし早婚には危機がきます。

〔第二爻〕かかあ天下で夫婦円満です。

〔第三爻〕結婚は目上の人と相談して決めると吉。男性は亭主関白となります。

〔第四爻〕夫婦運はよく幸せな結婚生活を送れます。現状に安住せず将来にそなえるなら、老後はさらに幸せになれるでしょう。

〔第五爻〕目上からの引立て運があります。妻の内助の功と相まって、男性は出世できます。

〔第六爻〕男女とも良縁に恵まれ、よい子を得ることができます。

★澤雷随生まれ

〔第一爻〕男性は養子運あり。早すぎる結婚は失敗します。

〔第二爻〕夫婦仲は不安定で常に離婚の危機にさらされます。無事乗り切るためには夫の側に誠実な努力が必要です。

〔第三爻〕男性は家庭で暴君となるか、亭主関白となります。

〔第四爻〕女性は良縁に恵まれるので、真心をつくすなら結婚生活は平和で幸福です。

〔第五爻〕夫婦縁は必ずしもよくない。夫のほうに冷静さが要求されます。

〔第六爻〕友人の意見を尊重すれば良縁に恵まれます。

澤天夬第1爻は男女とも浮気性。

澤火革第2爻はかかあ天下。

★澤風大過生まれ

〔第一爻〕男女ともに結婚運は平凡。高望みしなければ穏やかな生活を送れます。

〔第二爻〕若いうちは夫婦ともに苦労するが、老後に幸福が訪れます。女性は玉の輿に乗る運があります。

〔第三爻〕女性は夫に反抗的となり、結婚生活は不安定。生死別する可能性もあります。

〔第四爻〕夫婦間に不和のタネが多く、双方に謙虚さと思いやりが必要です。

〔第五爻〕いいときはしっくりいくが、ひとつ間違うと破局がきます。男性はワンマン型が吉。

〔第六爻〕互いに不満を持ちながら腐れ縁で別れられません。趣味に生きるのも賢明。

★澤水困生まれ

〔第一爻〕男女ともに良縁に恵まれます。しかし努力を怠れば危機がこないとも限りません。

〔第二爻〕夫婦縁は良好。忙しいが幸福な家庭となります。

〔第三爻〕高望みせず自分に合った相手を選ぶことが幸福の鍵。年長者の忠告に従えば間違いありません。

〔第四爻〕ただし女性は浮気の危険あり。

〔第四爻〕見栄をはらず誠実な人柄をみせれば良い相手に恵まれます。

〔第五爻〕努力したことは必ず報われ、老後は非常に幸福となります。

〔第六爻〕男性は妻の尻にしかれそう。女性は調子に乗って慎みを忘れると不和の原因に。

★澤山咸生まれ

〔第一爻〕夫婦縁は必ずしもよくないが、互いに真心をつくせばよい家庭を築けます。晩婚吉。

〔第二爻〕早い結婚は長く続かない暗示。妻に逃げられる男性もいます。

〔第三爻〕男女とも、よい配偶者に恵まれます。男性は妻のおかげで出世します。

〔第四爻〕焦らず待っていれば良縁は向こうからやってきます。年長者の忠告を聞けば吉。

〔第五爻〕先輩の意見に耳を傾け、チャンスを待つこと。老後は安泰。

〔第六爻〕気持の行きちがいから別れ話になることもあるが、離婚は得策ではありません。我慢して努力を続ければやがて幸福になります。

★澤地萃生まれ

〔第一爻〕男女とも、まずまずの結婚運。ただし早まると不幸になります。

〔第二爻〕妻の心掛け次第で、家庭は円満にも不幸にもなります。

〔第三爻〕男女ともに夫婦縁はよく、とくに男性は妻の内助に恵まれて大いに出世します。

〔第四爻〕女性は夫縁がよく、玉の輿に乗る人がいます。

〔第五爻〕女性は夫の実家との不和に悩みがちですが、誠意を尽くせばやがて和解できます。

〔第六爻〕男性は妻縁が悪く、女性は夫に反抗的になりがちです。大きな包容力で夫を理解し、将来に眼を向ければ幸福になれるでしょう。

★離為火生まれ

〔第一爻〕年長者の言に従えば良縁を得られます。ただし男女とも、生死別運があります。

〔第二爻〕男女とも、よい配偶者に恵まれ、円満な家庭を築けます。高望みせず地道に生活すれば、生涯安楽です。

〔第三爻〕配偶者が病弱か、生死別の暗示も。一人でも生きてゆける強さが望まれます。

〔第四爻〕自分の心を偽った結婚をすれば、必ず破局が訪れます。見合い結婚は凶。

〔第五爻〕よい妻となるよう女性は努力が必要です。そうすれば後半生は安定します。

〔第六爻〕男女ともに、浮沈の多い人生です。夢を追わず、日々の生活を着実にすれば吉。

★火天大有生まれ

〔第一爻〕夫婦ともに、相手を理解し家庭を大切にすれば幸運です。

〔第二爻〕夫婦仲は円満です。野心におぼれず分相応の生活を守っていれば、老後は安泰。

〔第三爻〕互いに自分を主張して、けんかの絶えない夫婦になりがちです。男性は養子運あり。

〔第四爻〕男性は家庭で暴君となる傾向があります。また男性は誠実さが欠けますが、女性の献身が救いとなるでしょう。

〔第五爻〕男女ともに夫婦円満で、男性は妻のおかげで出世します。

〔第六爻〕女性は玉の輿に乗る運があります。有頂天にならず、堅実に暮らせばさらに吉。

★火澤睽生まれ

〔第一爻〕見合い結婚は吉。恋愛結婚は破局となりがちです。いずれの場合も、目上の人の指導をあおぐとよい。

〔第二爻〕男女とも、浮気が原因で離婚となる暗示があります。女性は自立運あり。

〔第三爻〕離婚の危機はあるが、女性が献身を忘れなければ避けられます。

〔第四爻〕女性は寛大で生活力のある夫に恵まれ、多少の苦労はあっても老後は安泰です。

〔第五爻〕まずまずの夫婦運。生涯平穏です。

〔第六爻〕相手に誠意がなく、女性は日蔭の境遇におかれることがあります。

★火雷噬嗑生まれ

〔第一爻〕人生後半に開運する運勢なので、早婚は報われません。夫婦で努力すれば晩年大吉。

〔第二爻〕いちど気持がこじれると夫婦仲は悪くなる一方です。妻は献身、夫は誠意が必要。

〔第三爻〕男女ともに、良縁に恵まれます。分不相応の野心を抱かなければ、結婚生活は末広がりによくなります。夫婦仲は円満。

〔第四爻〕自分に合った相手を選ぶこと。無理な結婚をすると必ず破局がきます。

〔第五爻〕若いうちは苦しくても辛抱すると、中年以降に幸運が訪れます。

〔第六爻〕一触即発の夫婦関係です。夫に冷静さが要求されます。

★火風鼎生まれ

〔第一爻〕自分ひとりの判断で相手を選ぶとよい結果になりません。

〔第二爻〕夫婦運は必ずしもよくありませんが、努力次第で中年以降開運します。

〔第三爻〕妻に献身と包容力が必要です。スキャンダルが破局につながる危険もあります。

〔第四爻〕生活苦、浮気などが原因で離婚に至りがち。女性は、再婚、再々婚をする人もいます。また男女とも、一生独身を通す人がいます。

〔第五爻〕若いときの苦労が晩年に実を結びます。夫婦運は悪くありません。

〔第六爻〕男性に妻をかばう気持があれば、平和で円満な家庭を築くことができます。

★火水未済生まれ

〔第一爻〕男女ともに夫婦運はよいが子ども運がわるく、できないかまたは、できても頼りにならない。早い結婚は失敗します。

〔第二爻〕男性は家庭内で暴君になりがちです。自重して他人の意見をきけばよい結果に。

〔第三爻〕夫婦運に波瀾はあるが、無事乗り切れば次第によくなります。

〔第四爻〕夫は誠実ならば妻の内助で成功。女性は夢を追わず堅実な生活設計が必要。

〔第五爻〕かかあ天下で家庭は円満。多少の苦労はあっても老後は幸運です。

〔第六爻〕男女とも、見栄を捨てて現在の生活を大切にすれば人生の後半は恵まれます。

★火山旅生まれ

〔第一爻〕夫婦縁はあまりよくなく、家庭内にいざこざが絶えません。妻は献身、夫は寛容を。

〔第二爻〕男女ともに、夫婦円満です。また他人から援助を得られます。

〔第三爻〕スキャンダルが原因で家庭内にもめごとが起こりがち。男性のほうに自制心があれば離婚は避けられます。

〔第四爻〕男女とも、一方が病弱か生活力がなくて苦労します。乗り切れば晩年運よし。

〔第五爻〕夫婦運はまあまあです。妻のほうに慎みと賢さが必要です。

〔第六爻〕男女とも、プライドが高すぎて不和の原因をつくります。とくに女性は謙虚さが大切。

★火地晋生まれ

〔第一爻〕結婚は焦らずチャンスを待つこと。良縁は遅くきます。女性は生活力があります。

〔第二爻〕思いやりが足りず、不仲になりがちです。互いに相手の立場で考える努力を。

〔第三爻〕女性が慎みと明るさを失わなければ、家庭は平穏。

〔第四爻〕男女ともに夫婦運に恵まれず、ささいなことでも夫婦間のヒビが広がります。男性の側に努力が要求されます。乗り切れば中年以降は安定します。

〔第五爻〕若いときの苦労が老後に実ります。夫婦仲はよい。

〔第六爻〕目先の快楽を追うと、夫婦でけんかが絶えません。将来を考えて地道な生活設計を。

★震為雷生まれ

〔第一爻〕男女とも夫婦縁よし。男性は妻のおかげで出世できます。

〔第二爻〕夫婦間に波瀾はあるが、離婚には至りません。しかし一生努力が必要でしょう。女性は日蔭の存在になる場合もあります。

〔第三爻〕夫婦縁はあまりよいとはいえず、起伏の多い生活となります。

〔第四爻〕男性は賢明な妻の助けを得て、成功をおさめることができます。晩年とくに吉。

〔第五爻〕波瀾のある夫婦縁。他人の助言を尊重すること。

〔第六爻〕不仲の原因は双方にあります。男女ともに自省心が要求されます。

★雷天大壮生まれ

〔第一爻〕まあまあの夫婦運。生活は安定しますが女性のほうに浮気の卦があります。早婚凶。

〔第二爻〕若いうちは苦労しますが、人生の後半は安楽に。男女とも夫婦縁はよい。

〔第三爻〕女性は相手に誠意がなく、内縁関係に終ることがあります。夫婦縁はあまりよくない。

〔第四爻〕女性は地位と人格を兼ねそなえた夫を得ます。幸せにおぼれず向上心を忘れないこと。

〔第五爻〕恋愛結婚はお互いのわがままに注意しなければ危機がきます。男性は妻に従うよりワンマンになるほうが夫婦円満です。

〔第六爻〕男女とも夫婦縁よく、家庭は円満です。

★雷澤帰妹生まれ

〔第一爻〕夫婦縁よし。多少のこぜり合いはあるがおおむね円満です。若いときの苦労をしのげば、中年以降次第に運が開けます。子ども運もよい。

〔第二爻〕女性は夫の浮気に悩まされます。忍耐と寛容がなければ離婚の危機に。

〔第三爻〕まあまあの夫婦運。男性は妻の生活力に頼りがちです。地道な努力が必要。

〔第四爻〕良縁は遅れてきます。焦らずに待つこと。

〔第五爻〕男女とも夫婦縁よし。平凡だが円満な家庭となります。

〔第六爻〕夫婦縁よし。ただし一度つまずくと解決がむずかしい運勢です。言動に慎みが必要。

★雷火豊生まれ

〔第一爻〕何かと不満のたまりがちな夫婦縁。相手を理解し許す努力のほか道はありません。

〔第二爻〕男女とも、それほどよい夫婦縁ではありません。しかし努力次第で良縁となります。

〔第三爻〕結婚の時期を焦らないこと。待てば良縁にめぐり合えるでしょう。男性はワンマンタイプとなり女性は包容力を要求される関係となりますが、家庭は円満です。

〔第四爻〕結婚相手と生死別する人もありますが、のちに良縁に恵まれます。

〔第五爻〕何事も相談相手に年長者を選べば、若いときの努力が老後に花開きます。

〔第六爻〕夫婦縁はよく、分相応の生活設計をめざせば円満な家庭となります。

★雷風恒生まれ

〔第一爻〕男女ともに、早く結婚すると失敗します。女性のほうに堅実な生活態度が望まれます。

〔第二爻〕結婚運は平凡。女性は高望みしないこと。

〔第三爻〕妻が夫への愛情を見失わなければ、苦労はあっても老後は安泰です。

〔第四爻〕若いときは冒険しないこと。つつましい生活を守っていけば、やがて開運します。

〔第五爻〕夫婦縁はまあまあです。しかし浮気をすると必ず離婚となります。

〔第六爻〕爆弾をかかえた夫婦です。互いに個性が強すぎるので、相手を理解し許す包容力がなければ破局に至ります。

★雷水解生まれ

〔第一爻〕夫に誠意がなく、女性はつらい立場になりそうです。両親や経験深い年長者の指導をあおぐとよいでしょう。子ども運はよいようです。

〔第二爻〕男性は資産家の娘を妻にして、幸福を得ることがあります。

〔第三爻〕生活の安定が災いして浮気に走ることがあります。虚飾を捨て、地についた暮らしを。

〔第四爻〕女性は、意地を張りすぎると離婚の憂き目にあいます。

〔第五爻〕女性はよく夫に尽くして苦労を乗り越え、幸福な老後を迎えることができます。

〔第六爻〕男性は、妻の内助の功で幸運をつかむことができます。

★雷山小過生まれ

〔第一爻〕不満をかかえたままゴールインする暗示。気持を整理する賢明さがあれば、やがて幸せをつかめるでしょう。

〔第二爻〕生活が安定してくると浮気心が。自制心と堅実な生活態度が幸不幸の鍵です。

〔第三爻〕よいときはしっくりいくが、そうでないと波瀾はまぬがれません。再婚運あり。

〔第四爻〕夫婦縁はまあまあです。相互に思いやりがあれば生涯安泰です。

〔第五爻〕女性に賢明さがあれば良縁を得ます。

〔第六爻〕見栄を捨てて地道な生活を心掛けること。さもないとすぐに破局がきます。

★雷地豫生まれ

〔第一爻〕結婚運は平凡。男性は家庭で暴君となる人がいます。妻のあしらいがうまければ乗り切れるが、さもないと離婚に至ります。

〔第二爻〕若いときはしばしば夫婦間に不和が生じます。しかし老後は幸福になれます。

〔第三爻〕不満の多い結婚生活となりがちです。スキャンダルに注意。

〔第四爻〕身を慎んで禁欲的生活を送るなら、苦労はあっても老後は幸せです。

〔第五爻〕男女ともに結婚運はよい。平凡だが円満な家庭となります。

〔第六爻〕小さなつまずきが大怪我になる暗示です。男性は家庭を妻にまかせたほうが吉。

★巽為風生まれ

〔第一爻〕男女とも、早く結婚すると離婚になりやすい。恋愛結婚より見合いが良縁を得ます。目上の人の意見に従えばさらに吉。

〔第二爻〕見合い結婚吉。女性は慎みを忘れないこと。

〔第三爻〕女性はあれこれ迷わず、冷静に決断すれば良縁を得ます。晩婚のほうがよい。

〔第四爻〕夫婦縁はそれほどよくありません。しかし離婚することはないでしょう。

〔第五爻〕浮気が夫婦の危機をつくります。自重すれば次第に幸福に。

〔第六爻〕夫婦縁はよいが、お金の面で苦労しがちです。

★風天小畜生まれ

〔第一爻〕焦らずチャンスを待てば良縁に恵まれます。上司、年長者の判断を尊重すること。

〔第二爻〕夫婦縁はたいへんよい。とくに女性は、夫の実家にかわいがられます。

〔第三爻〕男性は家庭内で暴君となりがち。しかし生活力は抜群なので、妻がうまく家庭をまとめれば老後は幸福となります。

〔第四爻〕結婚相手は自分の気持に正直に選べば吉。苦労はあっても中年以降は開運します。

〔第五爻〕男性は暴君で家庭内には冷たい風が吹きそう。おおらかな心を養うこと。

〔第六爻〕男女ともに夫婦縁よし。若いうちは苦労するがやがて実を結びます。

★風澤中孚生まれ

〔第一爻〕男女ともに夫婦縁に恵まれます。波瀾があっても努力で乗り切れます。

〔第二爻〕女性は誠実な夫に恵まれます。大いに尽くして吉。

〔第三爻〕男性のわがままから夫婦げんかの絶えない生活になりがちです。女性の忍耐心が鍵。

〔第四爻〕結婚運はまあまあです。年長者から援助があります。晩年は吉運。

〔第五爻〕男性は良家の子女と結ばれる傾向です。幸運におぼれず仕事に励めば大いに出世し、ますます幸福となるでしょう。

〔第六爻〕離婚の危機をはらんだ結婚運ですが、無事乗り切れれば晩年は幸運です。

★風火家人生まれ

〔第一爻〕見合い結婚が吉。女性は献身を、男性は誠意が夫婦円満の鍵です。

〔第二爻〕夫婦縁は良好。堅実な生活設計が幸福につながります。女性は夫の実家と仲良くする努力が必要です。

〔第三爻〕男性は我を張りすぎて夫婦の危機を招きがちです。女性は夫縁があまりよくない。

〔第四爻〕無謀な野心をいだかなければ、男性は妻のお蔭で出世できます。

〔第五爻〕お互いにゆずり合うことで、まずまずの夫婦仲を保てます。

〔第六爻〕平凡な結婚運です。チャンスをうまくつかめば晩年に開運します。

★風雷益生まれ

〔第一爻〕男女ともに良縁に恵まれます。

〔第二爻〕男女とも、夫婦縁は悪くはないが、女性のほうに努力が必要です。

〔第三爻〕若いうちは苦労が多いが、老後は幸福になれます。女性は夫の両親にかわいがられ、何かと援助を得られるでしょう。

〔第四爻〕夫婦縁はまずまずです。子ども運がよいので老後は安泰です。

〔第五爻〕男性は妻の内助の功で出世できます。

〔第六爻〕男女とも結婚運はよくなく、再婚で幸福を得る傾向です。

★風水渙生まれ

〔第一爻〕女性は夫縁がよく、誠実で寛大な男性と結ばれます。よく尽くせばさらに吉。

〔第二爻〕結婚は独断を慎み、友人や親族とよく相談してきめること。女性は、初婚の相手に一生の運勢を左右されます。

〔第三爻〕男女ともに、多少の苦労はあっても平穏な結婚生活を送ります。

〔第四爻〕男性は妻の献身を得て出世しますが、浮気が露見して家庭をこわすことがあります。

〔第五爻〕夫婦の危機は何度かありますが、妻が夫を立てることで乗り切れます。

〔第六爻〕浮沈の多い結婚運です。うまくいっているときはよいが、つまずくと危険です。

★風山漸生まれ

〔第一爻〕結婚は周囲の反対にあいますが、つらぬけば幸福になります。初心を忘れないこと。

〔第二爻〕夫婦縁はよく、円満な家庭となります。女性はわがままにならぬように。男性は亭主関白でリードできれば吉。

〔第三爻〕目上の人や周囲の意見を無視すると、結婚しても波瀾が起こります。慎重に。

〔第四爻〕早い結婚は危機がきます。焦らず待つこと。良縁は遅れてきます。

〔第五爻〕夫婦縁はあまりよくない。しかし苦労のあとに平穏が訪れます。

〔第六爻〕女性が誠実であれば結婚生活は幸福です。高望みせず堅実に生活すること。

★風地観生まれ

〔第一爻〕結婚相手は年長者の意見を尊重すれば良縁に恵まれます。

〔第二爻〕見合い結婚が吉。かかあ天下になりそうです。子ども運がよく老後は安泰です。

〔第三爻〕男性はマイホーム型に徹すれば幸福です。晩年運がよい。

〔第四爻〕男性は妻に対して誠実であれば、その内助の功で成功します。

〔第五爻〕女性は夫に反抗的になりがちです。度を過ごすと離婚にも。

〔第六爻〕ぐずぐずしていて婚期を逸する暗示です。愛しているなら思いきって結婚を。身内のトラブルに悩まされることもありそうです。

★坎為水生まれ

〔第一爻〕良縁は年長者がもたらします。独断で決めると破鏡の憂き目にあうでしょう。

〔第二爻〕夫婦縁は平凡ですが、小さなキズを放置すると意外に早い破局を招きます。

〔第三爻〕別れ話のタネのつきない不穏な夫婦関係となりがちです。男性の側に包容力が望まれます。女性は自立して生きてゆく運があります。

〔第四爻〕迂余曲折はあるが、恋愛結婚で幸せをつかむことができます。

〔第五爻〕周囲の意見を無視すると、結婚後に危機が早くきます。慎重さが必要。

〔第六爻〕恋愛結婚は何かと問題が多いでしょう。男女ともに、遅い時期に運が開けます。

★水天需生まれ

〔第一爻〕男女ともに晩婚が吉。女性は夫縁がよくなく、頼りない夫を持つ暗示があります。

〔第二爻〕男女ともに良縁に恵まれます。しかし努力を怠れば危機がこないとも限りません。

〔第三爻〕若いうちは夫婦で苦労しますが、老後に幸運をつかみます。よい子を得ます。

〔第四爻〕男女ともに夫婦縁はよくなく、よほど努力しないと離婚はまぬがれません。しかし女性は、波瀾を乗り切れば中年以降に大きな幸せをつかむことができます。

〔第五爻〕夫婦縁は必ずしもよくないが、互いに思いやりがあればよい家庭を築けます。

〔第六爻〕女性は恵まれた夫縁です。男性は妻の尻にしかれがちですが、それなりに幸福です。

★水澤節生まれ

〔第一爻〕年長者の言に従えば良縁を得ます。ただし男女とも、早婚は不運を招きます。

〔第二爻〕男性は仕事熱心なあまり、妻を放置して危機を招く傾向があります。女性の夫運はまずまずでしょう。まれに再婚する人がいます。

〔第三爻〕男女とも結婚運は不安定です。スキャンダルに注意が必要。

〔第四爻〕夫婦縁はよいが、目先の快楽におぼれる傾向。堅実な生活設計が要求されます。

〔第五爻〕男性は妻縁に恵まれ、妻のおかげで出世する運があります。

〔第六爻〕男女とも、高望みしなければ結婚生活は平穏で、晩年に幸福が訪れます。

★水火既済生まれ

〔第一爻〕必ずしもよい夫婦縁ではないが、子どもができれば安定します。

〔第二爻〕苦労が多く忍耐を強いられますが、晩年運がよいので必ず報われるでしょう。

〔第三爻〕男女とも、夫婦縁はよいが、派手な生活で年中お金に苦労しがちです。その点を用心すれば一生安泰です。

〔第四爻〕一触即発の危険な夫婦関係です。女性はこまやかな心づかいが必要です。

〔第五爻〕男女とも夫婦縁はよい。しかしかかあ天下の傾向があります。

〔第六爻〕女性は夫に反抗的になりがちで、不満を持ちながら別れられない腐れ縁です。

★**水雷屯生まれ**

〔第一爻〕早い結婚は離婚につながります。そうでなければ、もともと夫婦縁はよいので、円満で平和な家庭となるでしょう。

〔第二爻〕離婚の危機はあるが、女性が献身を忘れなければ避けられます。

〔第三爻〕緊張した夫婦関係になりがちです。男女とも、誠意と思いやりだけが解決の鍵。

〔第四爻〕家庭に不平不満が絶えません。女性のほうに従順さが必要です。

〔第五爻〕浮き沈みの激しい人生ですが、夫婦縁はよいので、協力して乗り切れます。

〔第六爻〕スキャンダルに注意すること。女性は再婚運もあります。

★**水風井生まれ**

〔第一爻〕相手のアクシデントで、恋愛は結婚に至らない暗示。良縁は遅れて訪れます。女性は、まれに一生独身で通す人がいます。

〔第二爻〕男女とも、夫婦縁はよいが生活に苦労がともないがち。しかし晩年は安泰です。

〔第三爻〕早すぎる結婚はやがて破れます。男女とも、良縁はゆっくりと訪れます。

〔第四爻〕男性は恵まれた妻縁です。内では亭主関白、外では大いに出世する運です。

〔第五爻〕男女とも、虚栄を捨てて現在の生活を大切にすれば人生後半に開運します。

〔第六爻〕夫婦縁、結婚運ともに平凡ですが、中年以降にチャンスをつかみ開運します。

★水山蹇生まれ

〔第一爻〕男女とも、夫婦縁はよいので、堅実な生活を守れば非常に幸せです。ただし晩婚がよく、早まった結婚には不運がともなうでしょう。

〔第二爻〕幸運は人生後半に訪れます。前半は夫婦ともに苦労が多いでしょう。

〔第三爻〕夫婦縁はよいが、結婚運ははじめ悪く、努力によって徐々に開けます。

〔第四爻〕男女ともに結婚運はあまりよくない。地に足のついた生活をすることが大切です。

〔第五爻〕夫婦縁は非常によい。幸福におぼれなければ恵まれた人生を送れます。

〔第六爻〕男性は妻縁がよく、内助の功で成功をおさめるでしょう。

★水地否生まれ

〔第一爻〕女性は夫縁に恵まれ、幸せな生活を送ります。男性は大器晩成型。

〔第二爻〕いいときばかりでなく、不運のときも女性は夫への協力といたわりを。これを忘れると破局は簡単にきます。

〔第三爻〕男女ともよい結婚運で、よい子に恵まれます。

〔第四爻〕女性は玉の輿に乗る運があります。幸運に甘えなければ一生安穏です。

〔第五爻〕結婚運に波瀾は多少あるが、無事乗り切れれば次第によくなります。

〔第六爻〕夫婦縁はあまりよくなく、家庭内にいざこざが絶えません。妻の譲歩が必要。

★艮為山生まれ

〔第一爻〕早婚には波瀾が多いでしょう。結婚運は必ずしもよくないが、女性のほうに知恵があれば悪い結果は避けられます。

〔第二爻〕男女とも夫婦縁はよく、男性は亭主関白型、女性は内助型になります。

〔第三爻〕夫婦互いに不満がたまりやすく、ひとつ間違うと別れ話に発展します。自重を。

〔第四爻〕相手が病弱など、何かと苦労のタネが多いが、乗り切れば幸運が訪れます。

〔第五爻〕夫婦の危機は何度かありますが、妻が譲れば仲直りできます。中年から開運します。

〔第六爻〕夫婦縁はあまりよくないが、口に出すとこじれます。子ども運よし。

★山天大畜生まれ

〔第一爻〕若くして結婚すると何かとトラブルが起きがちです。男性は、妻の福運に助けられて出世の道が開けます。

〔第二爻〕年長者の助言に従えば良縁を得ます。

〔第三爻〕男女ともに晩婚ならば幸せな結婚となります。

〔第四爻〕男性は妻縁に恵まれ、妻のおかげで栄達します。女性は夫への献身を忘れなければ吉。

〔第五爻〕しばしば離別の危機に直面するが、乗り切ればのちに大きな幸福を得ます。

〔第六爻〕女性は温厚な夫を得て、過不足ない人生を送ります。

★山澤損生まれ

〔第一爻〕女性は多忙な夫のため淋しさを味わいますが、晩年子どもによって幸せを得ます。

〔第二爻〕女性は内縁関係に陥りやすい傾向。また浮気が元で破局に至ることもあります。

〔第三爻〕夫婦縁はあまりよくなく、忍耐を強いられそうです。しかし離婚にはなりません。

〔第四爻〕男性には寛容と暖かさが必要です。さもなければ波瀾は避けられません。

〔第五爻〕離別の危機があるとすれば、妻のほうに問題があります。身を慎み、夫を理解するように努めることが大切。

〔第六爻〕夫婦縁はあまりよくない。若いときは苦労するが、老後に報われる。

★山火賁生まれ

〔第一爻〕周囲の声を気にせず、自分とつり合いのとれた相手を選ぶこと。打算があると結婚は長続きしません。

〔第二爻〕男女とも夫婦縁はよい。まれに一生を独身で通す女性がいます。

〔第三爻〕浮沈の多い結婚運ですが、乗り切れば中年以降は安定します。

〔第四爻〕男女とも夫婦縁はよいが、浮気が露見して離別する暗示もあります。

〔第五爻〕男性のわがままで結婚生活が不安定になることも。女性は再婚運があります。

〔第六爻〕女性は家庭的タイプなら幸せを得ます。おおむね晩婚のほうが結婚運はよい。

★山雷頤生まれ

〔第一爻〕女性は自分の気持に正直に相手を選べば幸せとなります。

〔第二爻〕男女ともに浮気性なので、常に離婚の危機があります。女性は内縁関係で終る人が多くいます。身を慎むこと。

〔第三爻〕若いときの努力は必ず報われ、中・晩年に幸運が訪れます。夫婦縁はよい。

〔第四爻〕男性は、妻の実家の力を背景にして運が開けます。夫婦間の危機は必ず乗り切れます。

〔第五爻〕不満があっても腐れ縁で別れられません。真心で少しでも回復の努力を。

〔第六爻〕女性は夫縁に恵まれ、終生安穏な暮らしができます。

★山風蠱生まれ

〔第一爻〕自分の心に忠実であればよい相手を得ます。さもなければ悲劇がきます。

〔第二爻〕男女とも夫婦縁はよい。男性はワンマン型、女性は尽くし型ならばなお吉。

〔第三爻〕夫婦縁はまずまず。互いに不満なところがあっても、努力で危機は回避できます。

〔第四爻〕男女とも、平凡な夫婦運。高望みしなければ一生平穏です。

〔第五爻〕男性は家庭内で暴君となりがちです。妻に賢さがないと破局がくるでしょう。女性も夫縁があまりよくないが、忍耐心があれば幸運をつかみます。

〔第六爻〕男女ともよい夫婦縁です。男性は妻のおかげで出世し、女性は玉の輿に乗る人も。

風澤中孚第５爻
の男性は良家の子女
と結ばれ出世する。

山澤損第２爻の女性は
内縁関係に陥りやすい。

★山水蒙生まれ

〔第一爻〕男女とも夫婦縁はあまりよいとはいえません。男性は仕事にかまけて家庭を顧みない傾向。女性は夫に気持が通じず淋しい思いをしがちです。

〔第二爻〕男性は妻の尻にしかれます。それでもうまくいっていればよいが、間違えば破局に。

〔第三爻〕男女とも浮気が元でひと波瀾ある暗示。しかし離婚にまでは至らないでしょう。

〔第四爻〕お互いに不満があっても別れられない夫婦縁です。子どもに救われます。

〔第五爻〕男女とも夫婦縁はよいが、生活の不安に悩まされそうです。

〔第六爻〕夫のわがままが原因で別れ話も。妻の包容力が結婚生活の鍵となります。

★山地剝生まれ

〔第一爻〕夫婦縁はあまりよくなく、不和に悩みがちです。男女ともに努力が必要。

〔第二爻〕かかあ天下の夫婦縁ですが、それなりに幸福でしょう。子ども運よし。

〔第三爻〕平凡な結婚運で、一生平穏です。

〔第四爻〕若いうちは何かと苦労が多いが、辛抱して頑張れば中年以降は運が開けます。

〔第五爻〕男女とも夫婦縁はわるくありません。ただし女性は浮気の虫に注意が必要です。

〔第六爻〕男女ともに良縁を得ます。男性は妻の内助の功によって出世栄達し、女性は頼もしい夫の庇護で一生安楽に暮らすことができます。

★坤為地生まれ

〔第一爻〕性格の合わない相手と結ばれる暗示。冷静に判断しないと簡単に別れることになります。友人の意見を尊重して吉。

〔第二爻〕男女ともに夫婦縁はたいへんよい。男性は妻のおかげで出世できます。

〔第三爻〕夫婦縁はさほどよくない。しかし雨降って地固まり、晩年は平穏です。

〔第四爻〕不平不満の絶えない生活になりそうです。趣味など他に目を向ける工夫が必要。

〔第五爻〕夫婦縁は悪くないが、女性に包容力が望まれます。子ども運がよい。

〔第六爻〕女性は夫に理解されず孤独ですが、それに耐えて尽くせばやがて幸福になれます。

★地天泰生まれ

〔第一爻〕男女ともに結婚運はよく、とくに女性は玉の輿に乗る人もあります。

〔第二爻〕波瀾はありますが、男性に忍耐心があれば離婚は避けられます。

〔第三爻〕離別の危機があるとすれば、女性のわがままが原因です。改めないと早晩破局が訪れます。総じて晩婚に幸運があるようです。

〔第四爻〕高望みをしなければ、若いうちの努力が中年以降に実を結びます。

〔第五爻〕夫婦縁がよく、円満な家庭となります。努力を怠らなければ大きな幸運をつかめます。

〔第六爻〕いざこざの絶えない夫婦生活になりがちです。妻が夫を立てるよう心掛けること。

★**地澤臨生まれ**

〔第一爻〕結婚は年長者の意見に従えば良縁を得ます。男性は妻の尻にしかれる傾向ですが、それも悪くありません。

〔第二爻〕女性は夫運がよく、生涯安楽に暮らせます。

〔第三爻〕早い結婚は離婚につながります。男性は養子運があります。

〔第四爻〕晩婚吉。男女ともに結婚運はよく、地道な努力を怠らなければよい家庭となります。

〔第五爻〕夫婦縁よく、男性は妻の実家の引立てで大いに出世する運があります。

〔第六爻〕男女とも、若いうちの苦労は避けられませんが、やがて安楽を得られます。

★**地火明夷生まれ**

〔第一爻〕見合いで良縁を得ます。恋愛結婚は波瀾をまぬがれません。

〔第二爻〕夫婦縁は悪くないが、男女とも中年以降に運が開けます。若いうちは苦労が多い。

〔第三爻〕夫婦縁はよくない。根気よく努力しないと離婚に至りがちです。

〔第四爻〕女性は、初婚より再婚で幸せをつかむ人が多いようです。しかし初婚で苦労しても、努力して乗り切ればのちに大きな幸福を得ます。

〔第五爻〕不満を持ちながらも別れられない夫婦関係です。夢をみないで現実の生活を大切に。

〔第六爻〕夫婦縁はまずまずだが、まれに仕事のために家庭を犠牲にして顧みない男性がいます。

★地雷復生まれ

〔第一爻〕人の言うままに結婚して、心の通わない夫婦生活に悩みがちです。早婚より晩婚、見合い結婚より恋愛結婚に幸せがあります。

〔第二爻〕男女ともに夫婦縁がよく、末長く円満な家庭を築くでしょう。

〔第三爻〕夫婦縁は必ずしもよくありません。女性のほうに理解と思いやりが必要です。

〔第四爻〕男女ともに結婚運はよい。多少の波瀾はあっても無事おさめることができます。

〔第五爻〕女性は見栄を張らず堅実な生活を心掛ければ、幸運を得ます。

〔第六爻〕いいときはしっくりいくが、ひとつ間違うと破局につながる夫婦運です。

★地風升生まれ

〔第一爻〕男性の妻縁は平凡ですが、女性は恵まれた夫縁で、まれに玉の輿に乗る人がいます。

〔第二爻〕男性は妻縁がよく、その内助によって成功します。

〔第三爻〕男女ともに浮気性の傾向があります。そのため若いときはしばしば離婚の危機に直面しますが、若気の誤ちをさとってしまえば老後は平穏です。

〔第四爻〕夫婦縁はよいが、女性は虚飾におぼれてうわついた生活になりがちです。

〔第五爻〕夫婦縁は良好。一生平穏で円満に暮らすでしょう。

〔第六爻〕離婚には至りませんが波風のある夫婦縁です。結婚の際は慎重な心がまえが大切。

★地水師生まれ

〔第一爻〕かかあ天下の傾向。しかしそれなりに円満にいく夫婦縁です。

〔第二爻〕夫婦縁はたいへんよい。若いうちは苦労しますが、中年以降運が開け、男性は大いに出世します。子ども運もよく、よい子に恵まれるでしょう。

〔第三爻〕妻に逃げられる男性もいますが、たいていの場合、夫婦の危機は切り抜けられます。

〔第四爻〕女性は見合い結婚すると、夫運がよくない傾向です。

〔第五爻〕早婚は離婚になりやすい。年長者の忠告を素直にきけば良縁もあります。

〔第六爻〕いさかいの絶えない夫婦関係になりがちです。女性の側に譲る気持が必要。

★地山謙生まれ

〔第一爻〕恋愛結婚は不運。見合いで良縁を得ます。

〔第二爻〕男性は妻縁に恵まれ、出世運があります。女性は家庭的なタイプなら結婚運はよい。

〔第三爻〕夫婦仲は生涯に何度か危機になるが、妻が夫を立てることで乗り切れます。

〔第四爻〕夫婦縁はまあまあですが努力が必要です。子ども運がよいので将来に期待を。

〔第五爻〕結婚相手は両親と親類縁者の意見を尊重して決めること。苦労の多い結婚生活となりがちですが、地味な努力を続ければやがて幸運を得ます。

〔第六爻〕相手が病弱か、頼りにならない人で、不安の多い結婚生活です。再婚運あり。

5 自分の身体のどこに注意したらいいか〈健康〉

この章を読むまえに

本章では、六十四卦それぞれの健康について占いましょう。体型および体質、かかりやすい病気、注意すべきからだの部位、回復の遅速、各卦生まれに特有の健康管理の盲点、治療薬などについて、簡明に記しました。どの項目も、より詳細に占うことは可能ですが、理解しやすいように、体質については四つ、注意すべきからだの部位は八つのパターンに分類してあります。

薬は、易学と関係の深い漢方薬をあげておきました。ただしこれは、該当の病気に対して一般によく用いられ効用のある薬で、これが唯一絶対のものでありません。病気の治療薬が本書の目的ではないので、病気にかかったら漢方医とよく相談されたうえでその指示に従うべきであるのは、言うまでもありません。

ところで、「病は気から」とよくいいますが、多くの実例からも、気の持ちようが病気の回復に大きく影響するといえるようです。病気の種類にもよりますが、楽天的で陽気な性格の人は回復が早いし、反対にくよくよと心配性の人は、どうしても病気が長引く傾向があるのはいなめません。

ここでは、たんにかかりやすい病気や、治療のための漢方薬を指摘するばかりでなく、そういった持って生まれた性格に由来する、回復の遅速についてもふれておきましたので、参考にしてほしいと思います。

★乾為天生まれ

疲れを知らない、活動的なタイプで、中肉型の人が多い。ひとときも休まずに動きまわるバイタリティーを持ち、たとえ病気をしても回復はきわめて早い。しかし健康に自信を持ちすぎ、かかっている病気に気づかないこともある。気をつける部位は、頭、顔、首、骨、筋肉など。

〈病気と薬〉発熱、頭痛、冷え症などに要注意。また腸炎にもかかりやすい。漢方薬では桂枝人《けいしにん》参湯《じんとう》が効果的。

★天澤履生まれ

中肉型の頑健なタイプ。おおらかで気の向くままに暮らしているので、ストレスも少ない。万一病気をしても予後は良好で、ほとんど心配はいらない。目、心臓、小腸、呼吸器に注意。

〈病気と薬〉流感、肺炎、喘息、気管支炎などに最もかかりやすい。効用のある漢方薬は麻杏甘《まきょうかん》石湯《せきとう》。

★天火同人生まれ

豊満なからだつき。栄養の片よりに敏感な体質なので、独身者は注意が必要。とくに病気をしたときは好き嫌いをなくして、栄養摂取に十分気をつけること。目、心臓、神経系統に注意。

〈病気と薬〉心臓神経症、心悸亢進症、ヒステリーなどにかかりやすい傾向がある。漢方薬は苓《りょう》桂朮甘湯《けいじゅつかんとう》が効果的。

★天雷无妄生まれ

やせ型の人が多い。健康法に関心を持ち、あれこれと試してみるが、どれも長続きしないという悪い癖がある。暴飲暴食や睡眠不足から病気になりやすい傾向。気をつける箇所は、肱、股、肝臓、肺、胆のうなど。

〈**病気と薬**〉慢性肝炎をはじめ、肝障害をひきおこす人が多い。日頃から無理を慎み、加味逍遙散《かみしょうようさん》などの漢方薬を飲むとよい。

★天風姤生まれ

調子のよいときと悪いときの落差が激しいタイプで、中肉型。日頃から規則正しい生活を心掛け、自分の体調リズムをつかんでおくことが大切。頭、顔、首、骨、筋肉などが弱い。

〈**病気と薬**〉肺炎、常習頭痛、大腸炎にかかりやすい。漢方薬なら桂枝人参湯《けいしにんじんとう》などを用いて、気長に養生すること。

★天水訟生まれ

体型は中肉型。ふだんはマイペースだが、ときに猛然と突走り、オーバーワークになることもある。病後の回復はきわめて早い。注意すべき部位は、目、心臓、小腸、神経系統など。

〈**病気と薬**〉熱病やノイローゼなどに要注意。熱性の諸症状や心臓神経症には、黄連解毒湯《おうれんげどくとう》などがよく効く。

★天山遯生まれ

中肉型で疲れやすいタイプ。元来それほど体力のある方ではなく、また不摂生でからだをこわしやすい。規則正しい生活を心掛けること。気をつける部位は、頭、顔、首、骨、筋肉など。

〈病気と薬〉胃炎には延年半夏湯《えんねんはんげとう》が、頭痛、急性腸炎には桂枝人参湯《けいしにんじんとう》を服用すれば効能があらわれる。

★天地否生まれ

身のひきしまったスポーツマンタイプが多い。健康だが病気に対して不用心なところがある。調子の悪いときはおとなしくしていること。気をつける部位は、頭、顔、首、骨、筋肉など。

〈病気と薬〉大腸炎に要注意。薬は桂枝人参湯《けいしにんじんとう》。また肺炎には柴胡桂枝乾姜湯《さいこけいしかんきょうとう》、筋肉痛には甘《かん》草附子湯《ぞうぶしとう》などが好適。

★兌為澤生まれ

中肉中背。健康状態は可もなし不可もなしというところ。ただ寒暖の差を敏感にかんじる体質なので、季節の変り目は用心を。注意すべき部位は、舌、歯、口、呼吸器、大腸、皮膚など。

〈病気と薬〉神経性や発熱性の病気にかかりやすい。漢方薬では、黄蓮解毒湯《おうれんげどくとう》や黄蓮阿膠湯《おうれんあぎょうとう》などがよく効く。

★澤天夬生まれ

きわめて強健。筋金入りの健康人が多い。やせ型だが、少々の無理をしてもへばらない体力がある。ただし、病気になったら、医者や家族の言うことを素直にきくこと。気をつける箇所は、大腸、小腸、脾臓、胃、血液など。

〈**病気と薬**〉それほど重症ではないが、便秘とめまいに悩まされる人が多い。茵蔯蒿湯《いんちんこうとう》などの服用を。

★澤火革生まれ

典型的な働き蜂。睡眠不足や栄養不足が悪影響しがちなタイプ。十分に休養をとり、鋭気を養う時間を確保すること。注意すべき部位は、耳、腎臓、膀胱、血液、婦人科系の諸器官など。

〈**病気と薬**〉婦人科の病気に要注意。また腎臓や膀胱からくる諸症には、越婢湯《えっぴとう》または柴苓湯《さいりょうとう》が効果がある。

★澤雷随生まれ

やせ型で外見は虚弱だが、しんは強靱。むしろ張切りすぎて大怪我をする危険の方が大きい。やけど、外傷などに注意を。気をつける部位は、足、肝臓、胆のう、咽喉、婦人科系諸器官など。

〈**病気と薬**〉女性は下腹部にしこりを感じるような月経時の異常や、生理不順に悩まされる。漢方薬は桂枝茯苓丸《けいしぶくりょうがん》など。

★澤風大過生まれ

「よくあれでもつなあ」と、人が感心するくらい不思議に健康な人。一見弱々しく見えるからだで、相当のハードワークもこなすタフさがある。注意すべき部位は、足、肝臓、胆のう、咽喉、婦人科系諸器官など。

〈**病気と薬**〉咽喉炎で発熱したり、肝機能に障害を起こすことが多い。漢方薬では、小柴胡湯《しょうさいことう》がよく効く。

★澤水困生まれ

中肉型。規則正しい生活を送る人で、おかげで快眠快食快便と三拍子そろった健康人。ただし環境が変ると体調をくずしやすい。弱い部位は、舌、歯、口、呼吸器、大腸、皮膚など。

〈**病気と薬**〉流感、偏頭痛などになりやすく、まれに神経衰弱に陥る人もある。桂枝湯《けいしとう》を服用すればよい。

★澤山咸生まれ

やせ型が多い。おおむね健康だが、少し具合がわるくなると気分が滅入ってしまうタイプ。軽い病気を長引かせることがしばしばある。舌、歯、口、呼吸器、大腸、皮膚などに注意。

〈**病気と薬**〉風邪をひくとこじらせやすい体質なので、柴胡桂枝湯《さいこけいしとう》の服用を。また皮膚炎、大腸炎、気管支炎にも要注意。

★澤地萃生まれ

お人好しだからというのではないが、トラホームや流感など伝染性の病気にかかりやすい傾向。つき合い酒や夜遊びで体調を狂わすことも。舌、歯、口、呼吸器、大腸、皮膚などに注意。

〈病気と薬〉 流感および呼吸器疾患に最も注意すること。柴胡桂枝《さいこけいし》乾姜湯《かんきょうとう》が効く。歯槽膿漏、口内炎にもかかりやすい。

★離為火生まれ

肉づきのよい立派な体格をしている。積極的な性格のため、少々体調が悪くても気にしない。そのため無理をして病気を悪くすることがある。目、心臓、小腸、神経系の部位に注意。

〈病気と薬〉 とくに心臓神経症に気をつけること。病気になったら気長に養生することが大切。瓜呂薤白半夏湯《かろがいはくはんげとう》がよい。

★火天大有生まれ

中肉型の健康人。忙しく立ち振る舞っている間はよいが、ちょっと気が抜けたときに病気にかかりやすい。回復は早い体質なので、取越し苦労は無用。頭、顔、首、骨、筋肉などに注意。

〈病気と薬〉 慢性気管支炎、胃酸過多症などにかかりやすい。瓜呂枳実湯《かろうきじっとう》がよい。そのほか関節炎、リウマチにも注意が必要。

★火澤睽生まれ

偏食が過ぎて栄養のバランスがとれない人が多い。病気にかかっても、あれこれ理由をつけてろくに養生しない悪い癖もある。自分のからだを粗末にしないこと。注意すべき部位は、手、指、骨、胃、鼻、背中、腰など。

〈病気と薬〉偏食とストレスが重なって、消化器系に疾患を持つ場合が多い。医師の指示に素直でないと病気は長引く。梔子豉湯《しししとう》が効く。

★火雷噬嗑生まれ

しなやかなからだと、旺盛な適応力に恵まれている。どんな環境でも元気に暮らしていけるたくましい体質の持主。気をつける箇所は、肱、股などの手足、肝臓、肺、胆のうなど。

〈病気と薬〉最も注意したいのは、黄胆、肝炎など。食事に気を配るとともに、茵蔯蒿湯《いんちんこうとう》を服用すればよい。

★火風鼎生まれ

やや肥満型の体型。瞬発力には欠けるが、持続的な体力はある。辛抱強い性格なので、少々の体調不良は精神力でこえられる。が、無理は禁物。目、心臓、小腸、神経系などに注意。

〈病気と薬〉心臓神経症、ノイローゼなどにかかりやすい。漢方薬は瓜呂薤白半夏湯《かろがいはくはんげとう》がよい。そのほか眼病にも注意。

★火水未済生まれ

せっかく生来の恵まれた体力を持ちながら、健康管理を怠って病気になってしまう人が多い。生活のペースをしっかり守って、ささいなことに神経質にならぬようにすること。まず、健康に対する心がまえが第一。注意すべき部位は、目、心臓、小腸、神経系など。

〈病気と薬〉心臓神経症、心悸亢進症などにかかりやすい。苓桂朮甘湯《りょうけいじゅつかんとう》がよく効く。体力があるので回復は早い。

★火山旅生まれ

中肉型。生来淋しがり屋なので、独身者は生活に乱れが生じることがあり、栄養障害や神経症を患いやすい。自分なりの生活リズムをつくること。目、心臓、小腸、神経系などに注意。

〈病気と薬〉とくに女性の場合、月経異常や血の道の病、産前産後の衰弱、高血圧症に注意が必要。四物湯《しもつとう》を服用するとよい。

★火地晋生まれ

ほどよくバランスのとれた体型で、丈夫な生まれつき。しかし健康にまかせて若いときに無茶をすると、中年以降に衰えが早くくる。気をつける部位は、頭、顔、首、骨、筋肉など。

〈病気と薬〉常習性の頭痛に悩む人が多い。また、めまいに苦しむ人もいる。半夏白朮天麻湯《はんげはくじゅつてんまとう》がよく効く。

★震為雷生まれ

病気をしても回復が早く、また冷静で用心深い性格なので大事に至らないタイプ。難点は過食による消化器系の疾患にかかりやすいこと。腹八分目に抑える努力を。注意すべき部位は、足、肝臓、胆のう、咽喉など。

〈病気と薬〉肝炎、肝肥大を患いやすい。常日頃から食養生に十分心掛けるとともに、小柴胡《しょうさいこ》湯《とう》を服用するとよい。

★雷天大壮生まれ

中肉型。人並みはずれて頑健な体質で、暴飲暴食さえ慎めば、いつまでも若々しいままでいられるタイプ。大腸、小腸、脾臓、胃、血液などが注意すべき箇所。

〈病気と薬〉元来健康なので、めったに病気はしないが、消化器系に若干の不安がある。胃腸の調子がおかしかったら、真武湯《しんぶとう》をのむとよい。

★雷澤帰妹生まれ

ほっそり型。ふだんは健康だが、ひとつ歯車が狂うとガタガタと調子をくずしてしまうところがある。また病後の回復期に無理する傾向も。舌、歯、口、呼吸器、大腸、皮膚などに注意。

〈病気と薬〉慢性扁桃腺炎、肺門リンパ腺炎、咽喉炎などにかかりやすい体質。薬は柴胡清肝湯《さいこせいかんとう》がよく効く。

★雷火豊生まれ

ふくよかな体型に似ず、多分に神経質なタイプ。病気や怪我に対しては臆病なほど慎重だが、かえってそれがアダになることもある。時には戸外に出て、からだを鍛えることが必要。気をつける箇所は、耳、腎臓、膀胱、婦人科系諸器官など。

〈病気と薬〉腎炎、ネフローゼにかかりやすく、また眼の充血や湿疹に悩まされる人も多い。越《えっ》婢《び》加朮湯《かじゅつとう》が効果的。

★雷風恒生まれ

やせてみえるが、筋肉質でしっかりした骨格を持ったタイプ。健康保持に細心の注意を払い、決して無理しないので丈夫で長生きできる。注意する部位は、足、肝臓、胆のう、咽喉など。

〈病気と薬〉咽喉にウィークポイントがあり、季節の変わり目には炎症を起こして発熱しがち。また肝臓の疾患にも要注意。小柴胡湯《しょうさいことう》の服用を。

★雷水解生まれ

根が強壮で神経も図太くできているのはよいが、それだけに我が身の不調を軽くみがち。大事に至る前に、適切な処置をすること。注意する部位は、足、肝臓、胆のう、咽喉など。

〈病気と薬〉女性は、冷え症からくる各種の疾患に早めの治療をすることが大切。漢方は当帰芍《とうきしゃく》薬散《やくさん》がよい。

★雷山小過生まれ

エネルギッシュで行動的。少々の不調は強引にねじ伏せるタイプ。病気をするとわがままになる傾向がある。治るまではおとなしくすること。舌、歯、口、呼吸器、大腸、皮膚などに注意。

〈病気と薬〉神経性腸疾患やノイローゼに気をつけること。桃核承気湯《とうかくじょうきとう》を服用するとよい。また皮膚炎にもかかりやすい。

★雷地豫生まれ

きちんとした日課を立てて、几帳面に暮らすタイプ。健康にも注意深いのであまり病気をしないが、難は神経過敏なこと。注意すべき部位は、足、肝臓、胆のう、咽喉など。

〈病気と薬〉細かく気を使うあまり神経症を患いやすい。肝炎などの肝臓障害にも要注意。小柴胡湯《しょうさいことう》がよく効く。

★巽為風生まれ

男でもなよなよしたからだつきで、一見ひ弱そうだが、実は筋金入りの頑健な体質を持つ。柳に雪折れなしの典型的なタイプ。注意すべき箇所は、肱、股、肝臓、胆のう、肺など。

〈病気と薬〉黄疸、血清肝炎、腹膜炎などにかかりやすい。これらの病気には茵蔯蒿湯《いんちんこうとう》を服用するとよい。

★風天小畜生まれ

しなやかなからだつきで、健康なタイプ。ただ、せっかちでこせこせ動き回るので、怪我に注意が必要。病気をしたら、治りきらないうちに起き出したりせぬように。気をつける部位は、肱、股、肝臓、胆のう、胸、手足、神経系統など。

〈病気と薬〉リウマチや呼吸器疾患にかかりやすい。これらには柴胡清肝湯《さいこせいかんとう》、桂芍知母湯《けいしゃくちもとう》などを用いるとよい。

★風澤中孚生まれ

中肉型だが筋力には乏しく、なで肩で女性的なからだつきが多い。自分の体力をよくわきまえていて無理をしないので、大病、大怪我などはあまりしない。手、指、骨、背中などに注意。

〈病気と薬〉神経痛、胆石、腎臓結石などにかかりやすい。漢方薬なら、大黄附子湯《だいおうぶしとう》、五積散《ごしゃくさん》などがよく効く。

★風火家人生まれ

男性は中肉型、女性は丸味のあるいかにも女らしいからだつきが多く、いずれも元気はつらつタイプ。ただし環境が変わると意外にもろい面がある。肱、股、肝臓、胆のう、肺などに注意。

〈病気と薬〉風邪をこじらせたり、肺炎にかかりやすく、また肝機能の障害を起こすことも多い。柴胡桂枝乾姜湯《さいこけいしかんきょうとう》を服用するとよい。

★風雷益生まれ

柔軟なからだと、持続性のある体力をそなえている。開放的な性格でのびのび暮らすので、あまり病気もしない。たとえ病気にかかっても、回復がきわめて早いのが特徴。注意すべき部位は、肱、股、肝臓、胆のう、肺など。

〈病気と薬〉風邪および慢性肝炎に注意すること。漢方薬では、柴胡《さいこ》芎帰湯《きゅうきとう》がこのタイプの体質に合っている。

★風水渙生まれ

なかなかの精力家。人の二、三倍働き、よく遊び、しかも疲れを知らないタイプ。ただし、からだを過信しないこと。食生活に注意すれば万全。気をつける箇所は、目、心臓、小腸など。

〈病気と薬〉とくに急性胃腸炎、胆石症などに注意が必要。薬は黄蓮湯《おうれんとう》が効果的だが、持続的な服用を忘れないように。

★風山漸生まれ

神経が細かく、ささいなことでイライラしたり、ふさぎこんだりするので、ストレスがたまるタイプ。病気はこれが原因することが多い。手、指、骨、胃、鼻、背中、腰、足などに注意。

〈病気と薬〉神経系統の疾患（ノイローゼなど）のほかに、皮膚病に悩まされる。皮膚病には消風散《しょうふうさん》が有効。

★風地観生まれ

中肉型の健康人だが、仕事にも遊びにもモーレツすぎるきらいがある。ほどほどにして余力を蓄えておかないと、万一のとき頑張りがきかない。頭、顔、首、骨、筋肉などが注意する部位。

〈病気と薬〉大腸炎や急性腸炎など、腸の病気にかかったら決して軽くみないこと。黄芩湯《おうりようとう》がよく効く。

★坎為水生まれ

水の流れのように淡々と逆らわず暮らしていく人で、細く長く生きるタイプ。病気をしても焦らず治療を受けるので、回復が早い。注意すべき部位は、耳、腎臓、膀胱、子宮、血液など。

〈病気と薬〉腎炎やネフローゼにかかる人が多い。薬は越脾湯《えつびとう》が適している。中耳炎にも気をつけること。

★水天需生まれ

ふくよかな豊満タイプ。ゆったりしているようにみえて、実はイライラクヨクヨする心配性。病気をしても、あまり落ちこまぬこと。注意したい箇所は、大腸、小腸、脾臓、胃など。

〈病気と薬〉かかりやすい病気は胃潰瘍。黄耆建中湯《おうぎけんちゅうとう》がよく効く。虚弱体質の人には小建中《しょうけんちゅう》湯《とう》が向いている。

風山漸生まれは神経が細く
ストレスがたまりやすい。

風地観生まれはモーレツ型だが
ここ一番に弱い。

★水澤節生まれ

やや太り気味の体型。生活にけじめをつけ、無理をしないタイプ。したがってそこそこに健康を保つが、ただ一つ、食生活をおろそかにしがちなところが欠点。注意すべき部位は、耳、腎臓、膀胱、子宮、血液など。

〈病気と薬〉気管支喘息や、肺気腫を起こす人がある。神秘湯《しんぴとう》を服用すること。食養生すれば回復は早い。

★水火既済生まれ

ふっくらとしたからだつき。水分の摂取量が多く汗っかき。とくに病中は水分をひかえ、栄養のバランスを考えること。注意する部位は、耳、腎臓、膀胱、子宮、血液など。

〈病気と薬〉婦人科系統の諸病には、ことに慎重な治療を要する。やせ型の女性の婦人病には、当帰芍薬散《とうきしゃくやくさん》が効果的。

★水雷屯生まれ

やせ型で、イライラしやすく神経過敏なところがある。宵っ張りの朝寝坊型。病気にかかったら、辛抱強く治療に心掛けること。気をつける箇所は、耳、腎臓、膀胱、子宮、血液など。

〈病気と薬〉婦人科系統の病気、血液の病気、腎炎、ネフローゼなどにかかりやすい。越婢湯《えっぴとう》がよく効く。

★水風井生まれ

やせ型の健康人。ヨガやジョギングなど、流行の健康法にはすぐ飛びつくが、それよりまず日頃の摂生と栄養管理に気を配ることが必要なタイプ。注意すべき部位は、足、肝臓、胆のう、咽喉など。

〈病気と薬〉神経がこまやかすぎて、ノイローゼや不眠症にかかることが多い。抑肝散《よくかんさん》などを飲みながらのんびり暮らすこと。

★水山蹇生まれ

頑健なタチではないが際立って弱いわけでもない。まあそこそこに健康な人。ただ、徹夜を続けたり暴飲暴食しがちな点を改めること。舌、口、呼吸器、大腸、顔面などに注意。

〈病気と薬〉このタイプは神経症や高血圧症に弱い。七物降下湯《しちもつこうかとう》を飲むとよい。焦らず気長に治療すること。

★水地比生まれ

丈夫で長持ちのタイプ。豊満で健康的な体軀そのままに、日々ゆったりと暮らすタチなので、病気に縁のない人も多い。たとえ病気しても回復は早い。大腸、小腸、脾臓、胃などに注意。

〈病気と薬〉婦人科系統の諸症状にかかりやすい。また産前産後はとくに注意が必要。薬は四物《しもつ》湯《とう》が効果的。

★艮為山生まれ

中肉中背で純日本人的な体型が多い。病気は少ないがあわて者なので、怪我や事故に注意。いったん病気をしてしまうと、回復に時間がかかる傾向がある。注意すべき部位は、手、指、足、腰、胃、鼻、背中など。

〈病気と薬〉とくに中耳炎、鼻炎にかかりやすく、中年以降は腰痛も出やすい。葛根湯《かっこんとう》がよく効く。

★山天大畜生まれ

中肉型。エネルギーを集中して何事にも全力でぶつかるタイプだが、それだけ暴走も多い。適当にセーブしないと身が保たない。注意する部位は、手、指、足、腰、胃、鼻、背中など。

〈病気と薬〉鼻炎、肩こり、腰痛が出やすい体質。葛根湯《かっこんとう》がよい。また胆石、腎臓結石、坐骨神経痛には大黄附子湯《だいおうぶしとう》を服用する。

★山澤損生まれ

比較的丈夫な生まれつきだが、いったん病気や怪我をすると回復に手間どる傾向がある。ふだんから体力の蓄積をはかることが大切。注意する部位は、手、指、足、腰、胃、鼻、背中など。

〈病気と薬〉消化器に弱いところがあり、放っておくと大事に至ることも。慢性胃炎、胃潰瘍には、延年半夏湯《えんねんはんげとう》を服用するとよい。

★山火賁生まれ

蒲柳の質が多い生まれ。もともとあまりからだが強くはないので、無理は禁物。スポーツなどを通じて、段階を踏んでからだを鍛えるようにすること。注意すべき部位は、手、指、足、腰、胃、鼻、背中など。

〈病気と薬〉胸やけや、胸つかえに悩まされることが多いが、多分に神経性のもの。半夏瀉心湯《はんげしゃしんとう》などを服用して気長に治療すること。

★山雷頤生まれ

やせ型で食道楽の美食家。うまいものに目がなく、そのため過食することが多い。また運動不足にもなりがちなので要注意。気をつける箇所は、肱、股、神経系統、肝臓、胆のう、肺。

〈病気と薬〉栄養のかたよりから、肝炎や黄疸になることがある。茵蔯蒿湯《いんちんこうとう》や柴胡清肝湯《さいこせいかんとう》などがよい。糖尿病にも注意。

★山風蠱生まれ

しなやかなからだつきで人一倍健康にも気を配るが、臆病すぎてからだを鍛えることをおろそかにしがち。病気を追い払う気力が必要。肱、股、神経系統、肝臓、胆のう、肺に注意。

〈病気と薬〉肝炎、胆のう炎などにかかりやすい。平肝流気飲《へいかんりゅうきいん》がよく効く。気長にのんびりした気持で治療すれば回復は早い。

★山水蒙生まれ

ふくよかでゆったりした人が多い。日頃のんびりとかまえているのでストレスも少なく、なかなか病気しないタイプ。注意したい箇所は、目、心臓、小腸、神経系統など。

〈病気と薬〉熱病、心臓神経症などに注意すること。漢方薬では爪呂薤白半夏湯《かろがいはくはんげとう》や甘麦大棗湯《かんばくだいそうとう》などが体質に合っている。

★山地剝生まれ

男なら筋肉隆々、女ならプロポーション抜群の人が多い。陽気で元気はつらつなのはよいが、調子にのりすぎると危険。注意する部位は、頭、顔、首、骨、筋肉など。

〈病気と薬〉不眠症にかかりやすい。また血の道にも要注意。薬は柴胡《さいこ》加竜骨牡蠣湯《かりゅうこつぼれいとう》を服用するとよい。

★坤為地生まれ

ゆったりとした豊満型の人。外見に似合わず粘り強い体力をそなえている。病気をしても回復力は旺盛で、大事に至ることは少ない。注意すべき部位は、大腸、小腸、脾臓、胃など。

〈病気と薬〉消化器が弱く、下痢や便秘に悩みがち。また貧血、めまいなども起こりやすい。薬は茵蔯蒿湯《いんちんこうとう》が効果的。

★地天泰生まれ

肉づきがよく健康なタイプ。水が変わると腹をこわすことがある。環境の変化に影響されやすい体質なので、旅先では十分注意すること。病気の回復は比較的早いほう。注意すべき部位は、大腸、小腸、脾臓、血液、胃など。

〈病気と薬〉慢性胃炎、胃潰瘍などにかかりやすい。漢方薬では延年半夏湯《えんねんはんげとう》などが体質に合っている。

★地澤臨生まれ

中肉中背だが、頑健なからだを持っている。めったに病気をせず、しても回復はきわめて早い。しかしたまにはゆっくり骨休めすることも大切。注意すべき箇所は、大腸、小腸、脾臓、血液、胃など。

〈病気と薬〉感冒、胃炎、肝炎、胆石などに用心すること。薬は柴胡桂枝湯《さいこけいしとう》を服用するとよい。

★地火明夷生まれ

節度を守って生活し、決して無理をしないタイプ。肌の色つやのよい小柄なからだつきの人が多い。病気をしても養生につとめるので回復は早い。注意すべき部位は、耳、腎臓、婦人科系諸器官、膀胱など。

〈病気と薬〉腎臓炎、浮腫、心臓疾患にかかりやすい。柴胡桂枝湯《さいこけいしとう》が効用がある。

★地雷復生まれ

ふっくらとしたからだつきの人が多く、肥満に悩む場合もある。同じところを何度かケガしてみたり、同じ病気が再発したりする傾向もある。気をつける箇所は、大腸、小腸、脾臓、胃、血液など。

〈病気と薬〉胃潰瘍や胆石など消化器系の疾患にかかりやすい。附子《ぶし》硬米湯《こうべいとう》などで気長に養生すること。

★地風升生まれ

筋肉質のスマートな人が多い。とくに若いうちは無茶をしがちなので、自重して健やかな生活を心掛けること。病気にかかっても回復は早い。気をつける箇所は、足、肝臓、胆のう、咽喉など。

〈病気と薬〉扁桃腺炎、肺炎、肝炎に要注意。小柴胡湯《しょうさいことう》などで、焦らずに治療すること。

★地水師生まれ

豊満型の健康な人。粘り強く、少々のことではネを上げない。ただし無理をしすぎてからだをこわすこともあるので要注意。回復力は抜群。耳、腎臓、膀胱、婦人科系諸器官などに注意。

〈病気と薬〉不眠やもの忘れなど、神経系統の諸症状に悩む人が多い。それらには酸棗仁湯《さんそうにんとう》などが効果的。

★地山謙生まれ

エネルギッシュな中肉型。よく働きよく遊ぶタイプで活動的。ただ調子にのりすぎて思わぬ怪我や病気をするおそれもある。気をつける箇所は、舌、口、呼吸器、大腸、顔面、歯、皮膚。

〈病気と薬〉神経過敏、神経性胃炎などに注意。イライラは禁物。漢方薬は柴《さい》胡《こ》桂《けい》枝《し》湯《とう》などがよく効く。

著者紹介

山蔭 基央（かまかげ　もとひさ）

一九二五年岡山県生れ。

皇典講研所を経て亜細亜大学経済学部卒業。

宗教法人山蔭神道管長。

〔お願い〕

著者山蔭基央先生は2013年（平成25年）7月ご逝去されました。申し訳ございませんが、本書の内容に対するご質問につきましてはご遠慮させて頂きます。（株式会社東洋書院編集部）

【復刻版】梅花心易入門
生年月日が証す秘中の占法

2018年8月7日　初刷発行

定価——本体1、852円＋税

著者——山蔭基央

発行者——斎藤勝己

発行所——株式会社東洋書院

〒160-0003

東京都新宿区四谷本塩町15-8-8F

電話　03-3353-7579

FAX　03-3358-7458

http://www.toyoshoin.com

印刷所——株式会社平河工業社

製本所——株式会社難波製本

ISBN978-4-88594-520-5